Problemräume Europas — Band 6

Herausgeber: Prof. Dr. Hartmut Beck / Prof. Dr. Manfred Sträßer

Die Alpen

Gefährdeter Lebensraum im Gebirge

von

Prof. Dr. J. Birkenhauer

D1661940

Aulis Verlag Deubner & Co KG

Köln

Inhaltsverzeichnis

Titelbild: Bergrutsch-Katastrophe im oberen Veltlin (Foto: dpa)

Best.-Nr. 5356

Alle Rechte bei AULIS VERLAG DEUBNER & CO KG, Köln, 1988

ISBN 3-7614-1132-4

Gesamtherstellung:
Druckerei KAHM GmbH, 3558 Frankenberg (Eder)

CIP-Titelaufnahme der Deutschen Bibliothek

Birkenhauer, Josef:
Die Alpen: gefährceter Lebensraum im Gebirge /
von J. Birkenhauer. — Köln: Aulis-Verl. Deubner, 1988.
  (Problemräume Europas; Bd. 6)
  ISBN 3-7614-1132-4
NE: GT

1 Von der Euphorie zum Katzenjammer

Die Alpen sind ins Gerede gekommen, ins negative. Jahrhunderte ist auch über sie geredet worden — positiv, allerdings nur von bestimmter Seite. Das war propagandistisch von hochrangiger Wirksamkeit; die Alpen wurden erschlossen, zuerst an Rändern, dann entlang der Hauptverkehrswege, schließlich — und innerhalb nur der letzten 20 bis 30 Jahre — beinahe bis in den letzten Winkel hinein: mit Straßen, mit Seilbahnen, mit ausufernden Siedlungen, ja mit regelrechten Städtebändern — Folge besonders des Fremdenverkehrs. Hatten die Gebirgsbewohner — die meisten jedenfalls — kärglich ihr Leben gefristet, als Spannknechte bei den Paßfuhrwerken, als Holzknechte, als Treiber, als Bergbauern, als Bergknappen, hatten Gebirgsbevölkerung und fremdländische Gäste über Jahrhunderte mehr oder weniger aneinander vorbeigelebt, so erfaßte nun in diesen wenigen Jahrzehnten ein mächtiger gemeinsamer Strom große Teile der Gebirgsbevölkerung: teilzuhaben an dem Wohlstand, der viele europäische Regionen zu durchpulsen begonnen hatte und so das jahrhundertelange karge Los mit einem Schlag, in einer einzigen Generation zu verbessern. Wer will es ihnen verdenken? Landes- und Provinzregierungen taten das ihre hinzu: teils aus wirklicher Sorge um die Verbesserung der Lebenschancen der Bevölkerung, teils aus der Hoffnung, höhere Steuereinnahmen zu erzielen. So wurde z. B. Südtirol fast aus einem Armenhaus, zumindest aus einem rückständigen Gebiet Italiens, beinahe über Nacht zu einer Wirtschaftsregion Italiens mit einem der höchsten Prokopf- und Steuereinkommen — aber auch zu einem Gebiet, in dem in kürzester Zeit der am günstigsten bebaubare Talraum überdimensional aufgesiedelt, ja z. T. zersiedelt wurde. Waren 4000 Jahre lang, seit der ersten Besiedlung im Neolithikum, 3000 ha aufgesiedelt worden, so kamen in nur 30 Jahren 5000 ha dazu.

Waren die Alpen bis um 1960 Abwanderungsraum oder zumindest ein Gebiet, in dem viele Männer als Saisonarbeiter im Winter in den Vorländern im Bauhandwerk oder als Hausierer ein zusätzliches Einkommen erarbeiten mußten, so hat seitdem die Bevölkerung in den Alpen kräftig zugenommen: Lebten 1938 etwa vier Millionen Menschen in den Alpen, so waren es nur 40 Jahre später nahezu acht Millionen: eine Zunahme auf das Doppelte. Doch: Bevölkerungsvermehrung und Landschaftsverbrauch betreffen nicht alle Teile der Alpen gleichmäßig — beide sind gewissermaßen kanalisiert. Gebieten der Verdichtung, Verdrahtung (Seilbahnen, Hochspannungsleitungen usw.), Zupflasterung, Versiegelung (Straßen, Skipisten) stehen Räume der totalen Entleerung und Extensivierung gegenüber. Alle zusammen trifft das neuartige Waldsterben, das zu den „hausgemachten" Problemen neue zusätzliche und unter Umständen sehr gefährliche Probleme schafft. Kein Wunder, daß der Spiegel (z. B. Mai 1985) einen Artikel bringt mit dem Titel: „Die Steine wandern". Kein Wunder, daß Filme gedreht werden mit dem Titel: „Alpen im Zwielicht".

Ein Gebirge, ein Lebensraum von Menschen ist ins Gerede gekommen, negativ. Ein krasser Umschwung, in wenigen Jahren. Noch 1975 war die Wachstumsmentalität ungebrochen. Kaum einer erhob einen warnenden Finger — die aus dem Boden schießenden französichen „Grand stations de ski" wurden höchstens mit ein wenig Spott bedacht — oder auch ein bißchen mehr, je nach Gemütslage. Doch grundsätzliche Kritik regte sich nicht, zumindest weithin nicht. Erste Rufer in der Wüste, die zur Besinnung anhielten, waren schon da: hier ist an das erste MAB 6-Projekt zu erinnern, das in Obergurgl im Ötztal schon einige Jahre vorher gestartet worden war, aber journalistisch fast keinen Widerhall fand (MAB: Man and Biosphere, UNESCO).

Erst als der scharfe Umbruch in Denken und Einstellung zwischen 1975 und 1980 sich durchsetzte, wurde die Situation einer breiteren Öffentlichkeit bewußt. Ich meine: längst nicht breit genug, und vor allem: längst nicht tief genug, d. h. nicht zu einer wirklichen Bewußtseinsänderung führend, zur Änderung der Konsummentalität oder zumindest zu ihrer Dämpfung. Jeder müßte sich sagen: *ich* verbrauche alpine Landschaft, *ich* habe pfleglich damit umzugehen; *ich* muß daher meine Ansprüche demgemäß anpassen (und vielleicht daher: einschränken)! Nicht als ob ich meinte, die Alpen seien nicht mehr zu retten. In solches Katastrophengelärme braucht man nicht zu verfallen, nicht einzustimmen. So schlimm ist es sicher nicht — aber: es ist dennoch „fünf Minuten vor zwölf".

Einen Einblick in die Hintergründe zu geben ist Absicht der folgenden Kapitel.

2 Grundinformationen

Um die Sachverhalte in der Tiefe einordnen und im tieferen Zusammenhang verstehen zu können, sind bestimmte Grundinformationen notwendig. Mit Rücksicht auf den beschränkten Umfang des Heftes müssen diese hier leider entfallen. Sie können jedoch aus gut zugänglicher Literatur entnommen werden (z. B. Westermanns Lexikon der Geographie ,Bd. 1, S. 102—177; *Bätzing* 1984; *Birkenhauer, J.,* 1980, UTB 955).

Um deutlich werden zu lassen, an welche Grundinformationen zu denken ist, seien diese im folgenden kurz aufgelistet:
— Abgrenzung (Abb. 2./1)
— Umfang (Abb. 2./1)
— Name: Bedeutung
— Siedlungsgang und Phasen der Inwertsetzung:
  Phase 1: Bäuerliche Inwertsetzung
  Phase 2: Inwertsetzung durch Gewerbe und Bergbau
  Phase 3: Inwertsetzung durch Verkehrswege und Städte
  Phase 4: Inwertsetzung durch den Fremdenverkehr
— Siedlungsgebiete und Bevölkerungsdichte, Entsiedlungen

— Sprachräume und politische Gliederung
— Naturräumliche Grundstrukturen (Klimaprovinzen und Wandelkategorien, klimatische Bevorzugtheit der zentralalpinen Tallandschaften, Gesteinsprovinzen und geologische Gliederung, Längs- und Quertäler, Durchgängigkeit der Alpen, Bedeutung der Eiszeit für Szenerie, Durchgängigkeit und Hydrostromwirtschaft, Höhengrenzen der Vegetation, Landwirtschaft und Besiedlung: Ökumene, Subökumene, Anökumene, Bedeutung der Sonn- und Schattenseiten)

— Entwicklungen in Forst- und Landwirtschaft (Betriebsformen, Milchwirtschaft, Folgen der Reutbergwirtschaft, Wiederaufforstung, Lawinengefährdung, Alpen als voll durchgestaltete Kulturlandschaft mit hoch hinaufreichender Siedlungsinfrastruktur).

Alle aufgezählten Sachverhalte bilden die Hintergründe für die folgenden Kapitel. Sie zu beachten, ist daher im Hinblick auf das volle Verständnis des Gesamtzusammenhangs der folgenden Kapitel unerläßlich.

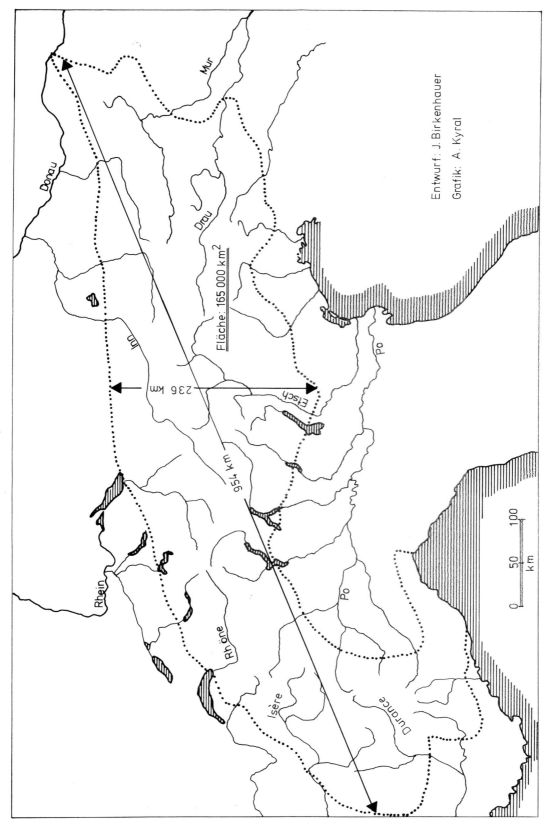

Abb. 2./1: Abgrenzung, Länge und Umfang der Alpen

5

3 Entwicklung und Probleme der Berglandwirtschaft heute

Die alpine Landwirtschaft ist heute — soweit es sich nicht um florierende, spezialisierte Talgüter handelt — von gravierenden Problemen betroffen. Diese ergeben sich im wesentlichen aufgrund von zwei Einflüssen:

1. der völligen Einbindung in die Marktwirtschaft und damit der völligen Aufgabe der Subsistenzwirtschaft,
2. dem Zwang zur Mechanisierung.

Beide Einflüsse haben eine identische Wirkung: die Konzentration des ertragreichen Anbaus auf die Talgebiete bzw. auf die Vorländer. Dieser, seit ca. 1830 nach und nach die letzten hohen Talgebiete der Alpen erfassende Prozeß (vgl. *Birkenhauer* 1972 und 1976) hat in eben diesen 150 Jahren zu zunehmender Abwanderung aus den Alpentälern und damit zu Siedlungs- und Flurwüstungen von z. T. katastrophalem Ausmaß geführt. Im Hinblick

auf die marktfähige Wirtschaft spielen die Entfernungen eine Rolle. Demgemäß wurden die Alpen zu bloßer Peripherie. Für die Mechanisierung sind es Steilheit und Flächigkeit. Bis noch vor wenigen Jahren wurden in allen inneren Teilen der Alpen, besonders in den zentralalpinen Tälern, Hänge mit einer Steilheit bis zu 35° ackerbaulich genutzt, allein in Handarbeit mit Hacke und Sichel. Motorwinden wurden zwar eingeführt — allerdings erst spät; auch Traktoren und Mähgeräte, die auf steile Lagen spezialisiert waren. Trotz aller Anstrengungen öffnete sich die Preisschere zwischen technischem Material und eigenem Erzeugnis. Belief sich der Gegenwert eines durchschnittlichen Traktors 1956 auf 23 700 l Milch, so hatte sich dieser Wert bis 1985 auf 47 000 l verdoppelt. Es nimmt daher kein Wunder, daß mit zunehmender Höhe der Hanglage und ihrer Steilheit das Einkommen des

Abb. 3./1: Wiesen-Alm-Betriebe in Bivio, Oberhalbstein (Graubünden) (Foto: *J. Birkenhauer*)

Höhenbauern fast gesetzmäßig abnimmt (vgl. Tab. 3/1 u. 2). Das Einkommen des Höhenbauern beträgt sowohl in der Schweiz als auch in Österreich nur 60 % der Talbauern. Wenn wir als mitteleuropäische Gesellschaft, in Staaten organisiert, Interesse daran haben, daß die alpine durchgestaltete Kulturlandschaft erhalten bleiben soll, daß ökologische Schäden vermieden werden, daß der Lebensraum Alpen auch für eine bäuerliche Bevölkerung erhalten bleiben soll, daß ferner diese Bevölkerung nicht zur Abwanderung verurteilt ist — wenn wir alle diese Ziele und Werte bejahen, ist es unumgänglich, für die Bergbauern nicht nur Zuschüsse zu fordern, sondern auch zu gewähren und zwar in einer Höhe, daß es ihnen ermöglicht wird, einen vergleichbaren Lebensstandard zu erreichen.

Welchen Umfang besitzt nun dieses „Bergbauernproblem"? Zahlen und Katasterangaben stehen geschlossen nur für jene Staatsgebiete der Alpen zur Verfügung, innerhalb derer man sich traditionell besonders der Bergbevölkerung verbunden weiß. Dies sind Österreich und die Schweiz. Beide Staaten haben inzwischen, um nach der Höhe und dem Grad der Erschwernis gestaffelte Zuschüsse geben zu können, Höhenkategorien eingeführt. Die Abb. 3./2 gibt das flächenhafte Ausmaß für diese Staaten wieder.

Am Beispiel Österreichs können folgende Zahlen für 1985 eine Vorstellung vom Ausmaß des Problems vermitteln. Auf bergbäuerliche Betriebe entfallen dort 38 % aller landwirtschaftlichen Betriebe (das sind allein 125 000 Betriebe). Diese bewirtschaften 25 % der österreichischen Ackerfläche, umfassen mit 0.6 Mill. Menschen 8 % der österreichischen Bevölkerung und erbringen 37 % der Roggenernte, 45 % des Hafers und 50 % der Kartoffeln. Bergbauernbetriebe halten 56 % der Rinder, 65 % der Schafe. Auf sie entfallen 1,1 Mill. ha (rd. 13 % der Staatsfläche Österreichs).

In Bayern und Österreich erhalten die Bergbauern über Subventionen eine Aufbesserung ihres Einkommens von 10-15 %, in der Schweiz liegt dieser Betrag höher. Trotzdem ist er auch dort nicht ausreichend.

Die Schweiz hat nach und nach das am besten ausgebildete System der Hilfe für die bäuerliche Bevölkerung entwickelt und in Bundesgesetzen verabschiedet. Diese haben für die Bundesländer Österreichs sowie für Südtirol Vorbildcharakter gehabt. Trotzdem blicken diese Länder — erst recht die Bergbauern in Frankreich und Italien, soweit es sie dort überhaupt noch gibt — mit Neid auf die schweizerische Gesetzgebung. An Maßnahmen sind vor allem zu nennen:

— Das Absatzgesetz von 1962 mit Regelung für die Viehwirtschaft, nach Höhenstufen
— das Kostenbeitragsgesetz von 1974, ebenfalls für die Viehhalter, nach Höhenstufen gestaffelt
— das Flächenbeitragsgesetz für die Bewirtschaftung von Flächen, ebenfalls nach Höhenstufen gestaffelt.

Nach letzterem Gesetz werden für die entstehenden Bewirtschaftungskosten je ha Beiträge gezahlt, die umso größer sind, je höher die Fläche liegt. Mit dem Gesetz brach sich die Einsicht bahn, daß nur über den Zuschuß auf Flächen (nicht zum Bestand an Vieh allein) ein entscheidender Beitrag zur Erhaltung der alpinen Kulturlandschaft geleistet werden kann und nur so das zu befürchtende Auseinanderfallen von Ökonomie, Kultur bzw. Kultur-

---

Abb. 3./2: Höhenzonen erschwerter Landwirtschaft in der Schweiz und in Österreich (nur Alpenanteil) (Quelle: Paris—Alpes 1984, S. 128, 137)

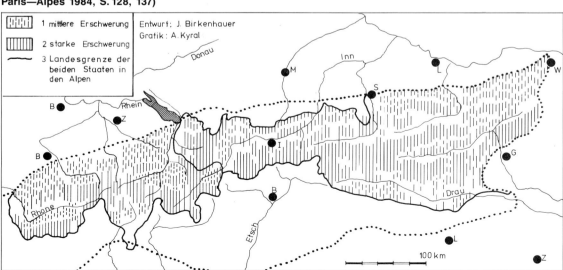

landschaft und Ökologie verhindert werden kann. Dieses Auseinanderfallen ist die Gefahr für die Erhaltung der alpinen Kulturlandschaft (vgl. *Bätzing* 1984).

In der Schweiz ist man auch am weitesten im Hinblick auf eine umfassende Analyse aller sich ergebenden Probleme im Alpenraum. Diese umfassende Analyse (Stand 1983) wurde mit dem umfangreichen Buch von *Brugger* und anderen (über 1000 Seiten) mit dem Titel „Umbruch im Berggebiet" 1984 veröffentlicht (im folgenden immer als „Umbruch" zitiert).

Für die Landwirtschaft entnimmt man dieser und anderen Quellen (z. B. *Elsasser, Leibundgut* 1982) folgendes.

Die Berggebiete sind — bezogen auf die Volkswirtschaften — typische Peripheriegebiete. In diesen gibt die Landwirtschaft immer mehr solche Standorte auf, die unter die Rentabilitätsgrenze fallen und zieht sich auf die noch am besten zu bewirtschaftenden Flächen zurück. Das Entstehen von großen Brachländereien ist daher kein Wunder. Für die nördlichen Voralpen, die Alpen und die Alpensüdseite wurden die Brachländereien allein in der Schweiz im Jahre 1973 auf 76 800 ha geschätzt. Als bevorstehendes Brachland wurden weitere 153 000 ha betrachtet — Ländereien, die inzwischen wüstgefallen sind. Hinzu kommt die Vergrünlandung (also Extensivierung) vieler früherer Ackerflächen in den Berggebieten. Trotz Abwanderung (seit 1970 etwa im ganzen zum Stillstand gekommen) und Rückgang der absoluten Zahl der Betriebe nahm aber auch in den Berggebieten die Produktion nur unwesentlich ab. Milch- und Fleischerzeugung sowie Aufzucht wurden bzw. blieben die wichtigsten Ziele; sie stehen aber in Konkurrenz zu den kostengünstiger produzierenden Tal- und Vorlandbereichen. Hinzu tritt, nicht nur in der EG, sondern auch in der Schweiz (und in Österreich) die Überschußproduktion. Kontingentierungen (wie in der EG) treffen aber alle und dabei die Bergbauern doppelt, da für sie die Nachfrage nach Zucht- und Nutzrindern aus ihrer Aufzucht gedrosselt wird. Will man steuern, ist nur eine Steuerung über die Preise bzw. Zuschüsse möglich, derart, daß der „Bergmilch" hohe Preise zugesichert werden, die „Talmilch" nur gegen niedrige abgenommen wird. Eine solche Steuerung erscheint dann als notwendig, wenn es ernstgenommenes politisches Ziel ist, die Landschaft sowohl ökologisch als auch kulturell zu erhalten. Dazu aber ist die notwendige Voraussetzung die Erhaltung der Berglandwirtschaft, d. h. ihre Stärkung. In der Berglandwirtschaft sollen daher „selbsttragende Strukturen" entwickelt werden (Umbruch, S. 936). Das ist zwar ein schönes und

gutes Ziel, es werden indessen keine konkreten Vorschläge dazu gemacht.

Auf engagierte Weise überlegt *Bätzing* (1984) Möglichkeiten, wie der alpinen Bevölkerung, besonders auch jener im romanischen Teil der Alpen, geholfen werden kann. Als Hilfsmaßnahmen schlägt er die folgenden vor:

1. die höhere Qualität der alpinen landwirtschaftlichen Produktion rechtfertigt einen höheren Preis (81, 91);
2. staatliche Subventionen sind notwendig und richtig (Schweizer Beispiel: 83);
3. der Bergbauer sollte als Schützer der alpinen Landwirtschaft betrachtet und dementsprechend auch seine Unkosten vergütet erhalten (131);
4. der Wirtschaftsfortschritt des deutschsprechenden Alpenraumes mit seiner Viehwirtschaft soll auf die gesamten Alpen übertragen werden (92, 131);
5. die vereinzelten Familienwirtschaften sollen zugunsten von Genossenschaften wegen höherer Effektivität umstrukturiert werden (92);
6. die Alpen sind systematisch aufzuforsten (92);
7. um die soziale Isolation zu überwinden, sind auch die hintersten und höchsten Teile, soweit sie besiedelt sind, verkehrlich an die Talräume anzubinden (92);
8. die Wasserkraft soll als zentrale, umweltfreundliche und kostenlose Energiequelle für die Bergbauernwirtschaft genutzt werden (94);
9. die gesamte europäische Landwirtschaft soll von einer profitorientierten in eine gebrauchswertorientierte Produktion umgestellt werden (97);
10. es sollten autonome Alpenregionen gebildet werden, die sich zu einem Alpenstaat zusammenschließen könnten unter Verlagerung der Entscheidungsebene so weit wie möglich nach unten hin (100).

So sehr auch aus diesen Vorschlägen wiederum das menschlich-engagierte Bestreben des Autors spricht, so sehr muß man sich doch darüber im klaren sein, daß gerade die Punkte 4-10 sowohl wirtschaftlich als auch kostenmäßig wie aber auch politisch wohl schwer zu verwirklichen sind, somit also Utopien darstellen. Punkt 4 z. B. scheitert einerseits an der bestehenden Überproduktion in der EG wie aber andererseits auch an den offensichtlich nicht berücksichtigten andersartigen klimatischen Bedingungen in den romanischen Teilen der Alpen. Zwangsgenossenschaften (Punkt 5) haben noch selten größere Effektivität erbracht. Bei den Punkten 6, 7, 8 und 9 wird ihre Einführung oder gar Durchsetzung von vornherein an den Kosten scheitern, denn z. B. die Wasserkraft ist ja durchaus keine so kostenlose Energie, wie sie vom Verfasser apostrophiert wird. Beim Punkt 10 verwundert die radikale Forderung nach einem einheitlichen Alpenstaat insofern, als gerade der Autor ein sehr großes historisch-genetisches Verständnis besitzt, offenbar aber nicht gewillt ist, die historisch gewachsenen Bedingungen in den Staatsräumen und den daraus resultierenden Widerständen in den Blick zu nehmen.

Elsasser u. a. (1982) zeigen dagegen realistischere Möglichkeiten auf. Sie verweisen darauf, daß es in der Berglandwirtschaft eine überraschend hohe Zahl von Pionieren gibt, die Alternativen ausprobieren und sich auf solche Produktionen spezialisieren, die dem Gebirge angepaßt sind: Ziegen, Damwild, Milchschafe, Gänse, Beeren, Pilze, Gemüse, Heilkräuter. Solche Eigeninitiativen sollten ideell und finanziell bereits in der Startphase unterstützt und vor Konkurrenz geschützt werden. Für hochwertige und naturnah erzeugte Produkte wird eine wachsende Absatzchance angenommen, besonders in den Ballungsgebieten und in den Touristikzentren. Die Verleihung eines besonderen Signets für solche wertvollen bergwirtschaftlichen Produkte wird empfohlen und ist sicher wünschenswert.

In diesem Zusammenhang sei darauf aufmerksam gemacht, daß ähnliche Vorschläge für die bundesdeutschen Berggebiete bereits vor Jahren von *Priebe* (1982) gemacht worden sind: Herausnahme aus der intensiven Produktion, Erzeugung naturaher, aber qualitätsvoller Güter mit extensiven, landschafts- und bodenschonenden Bewirtschaftungs- und Betriebsverfahren. In einer breit angelegten Untersuchung kam *Hampicke* (1977) zu ähnlichen Ergebnissen. *Hampicke* schlägt eine ,,Kompartimentierung'' der Landschaftsgebiete in ,,Intensivräume'' und ,,Ausgleichsräume'' mit extensiver Nutzung vor. Die besondere Chance für die ,,Ausgleichsräume'' sieht er darin, daß die Verarmung der Artenvielfalt — die eine Folge der landwirtschaftlichen Intensivierung ist — zumindest in diesen ,,Ausgleichsräumen'' langfristig wieder rückgängig gemacht werden kann (damit Revision der ethisch untragbaren Substanzverluste im evolutiven Bestand).

Insgesamt haben sich die sozioökonomischen Verhältnisse in den Schweizer Berggebieten seit 1970 immer mehr jenen der Ballungsgebiete angeglichen. (Vgl. die Prozentsätze in den Wirtschaftssektoren I, II, III. Diese betrugen für das Jahr 1975 in den Schweizer Alpen und in den Voralpen: I: 14; II: 43; III: 43). In einer speziellen Untersuchung zum Gasteiner Tal in Österreich bestätigt *Bätzing* (1985) diesen Trend. Im Gasteiner Tal liegt der Anteil der landwirtschaftlichen Bevölkerung mit 6.5 % sogar unter dem der Stadt Salzburg (7,8 %).

Trotz allem wachsen aber die Einkommensunterschiede zu den Talgebieten und sind selbst in der Schweiz nur ungenügend abgedeckt durch Direktzahlungen. An Direktzahlungen für die Viehhaltung, Flächenerhaltung, Sömmerung (Verbringen der Rinder auf die Alpen im Sommer) und die Kinder- und Familienzulagen wurden in der Schweiz z. B. 1984 insgesamt 450 Mill. sfr gezahlt. Für einen vollen Ausgleich der Einkommen wären jedoch selbst in der so vorbildlichen Schweiz noch weitere 600 Mill. notwendig.

Außerdem klagt die Bergbevölkerung über weitere Benachteiligungen: zu wenige alternative Arbeitsplätze, kaum Chancen für eine wirklich freie Berufswahl, wenig Bildungschancen, kaum vorhandene Aufstiegsmöglichkeiten. Wie extrem benachteiligt die Bergbevölkerung im Hinblick auf Bildungschancen ist, weist die sehr gründliche Arbeit von *Höfle* (1984) nach, — ja, die relativen Unterschiede in der Versorgung mit weiterführenden Schulen haben sich in den letzten Jahrzehnten sogar eher verschärft (mit Ausnahme der älteren, renommierten Fremdenverkehrszentren).

Tab. 3/1: Einkommenslage der Tiroler Landwirtschaft 1984/85

Lage	landwirtschaftl. Einkommen/AK	außerlandwirtschaftl. + Sozialeinkommen/AK	Gesamt/AK
Tallagen	S 121 813,—	S 32 927,—	S 154 740,—
Zone I	S 97 259,—	S 47 795,—	S 145 054,—
Zone II	S 90 558,—	S 49 613,—	S 140 171,—
Zone III	S 54 218,—	S 50 958,—	S 105 176,—

Tab. 3/2: Entwicklung der Einkommensunterschiede zwischen Tal- und Berggemeinden Tirols 1984/85 (berechnet für das landw. Einkommen/AK)

Tallagen	100 %
Zone I	79,8 %
Zone II	74,3 %
Zone III	44,5 %

4 Funktionen und Probleme des Bergwaldes

Der Bergwald hat traditionell folgende Funktionen: als Schutzwald, als Jagdwald, als Renditewald, als Wasserreservoir, und zwar, historisch gesehen, in der angegebenen Reihenfolge. Die Schutzfunktion (Lawinen, Muren, Erosion) war traditionell die erste und für den Wohnbestand der alpinen Bevölkerung die wichtigste. Der Wald wurde daher mit einem Bann belegt (d. h. Androhung von Strafen bei Holzeinschlag); die entsprechend geschützten Wälder werden daher bis heute als Bannwälder bezeichnet. In lawinengefährdeten Gebieten stellen sie den wirksamsten Schutz dar; daher werden sie dort weiter ausgedehnt.

Die größten privatwirtschaftlichen Ausdehnungen der Wälder erfolgten jedoch seit rd. 1830 als Jagdwälder, zunächst ausgehend vom Hochadel (Bayern, Österreich), dann auch von Unternehmern der Bourgeoisie, die mit dem industriellen Aufschwung seit 1870 zu Reichtum kam und mit der Aristokratie wetteifern wollte. Um immer mehr Waldareal zu erhalten, vergraulten Adel und Bourgeoisie die Bauern (sog. „Bauernlegen"). An einem Einzelbeispiel schildert dies *Peter Rosegger* in seinem Roman „Jakob der Letzte" (1888) auf eindrucksvolle Weise. Besonders in weiten Teilen der Ostalpen (vgl. auch *Lichtenberger* 1975) entstanden monotone Fichtenwaldungen. In den Waldgebieten kam es zu einer exzessiven Wildhaltung (besonders Rot- und Schwarzwild). Man spricht hier von einer sog. „Überhegung". D. h., daß durch Hegemaßnahmen (besonders Winterfütterung) der Bestand drastisch über das naturnahe Maß hinaus erhöht wurde. Wechselten z. B. Hirsche früher regelmäßig aus den Alpen (dort im Sommer) in die Vorländer (im Winter), so konnten sie nun ganzjährig in den Alpen verweilen. Allein in Tirol stiegen die Zahlen für das Rotwild von 1935 bis 1970 um fast das Vierfache an (1935: 3500 Stück, 1970: 12500). Diese Überhegung ist im gesamten österreichischen Alpenraum anzutreffen. Sie beträgt überall mindestens das Dreifache von 1935, in den extremsten Fällen sogar das Zwölffache. Ähnlich ist es im deutschen Alpenraum.

Man kann sich vorstellen, welche Auswirkungen der Wildverbiß auf die natürliche Regeneration des Waldes hat. Entgegen den Wünschen der überraschend starken Lobby der Jäger müssen daher die Wildbestände auf Dauer wieder auf ein naturnahes Maß vermindert werden, damit der natürliche Kreislauf des Wachsens in einem möglichst artenreichen Wald überhaupt wieder greifen kann: die großen Bäume müssen so alt wie möglich werden können, damit die Baumsämlinge in ihrem Schutz wie auch im Schutz von Pionierpflanzen aufwachsen können; die Pionierpflanzen müssen größere Lücken im Wald rasch schließen können und damit Humus, Boden und Schnee festhalten (*Danz* 1971, *Meister* 1985). Ohne drastische Reduzierung des Rotwildbestandes ist wegen des sehr erheblichen Verbisses eine natürliche Waldverjüngung so gut wie unmöglich geworden, wie intensive Beobachtungen auf verschiedenen Versuchsflächen der Stiftung „Wald in Not" gezeigt haben (SZ, 28. 10. 86).

Der Renditewald ist auf den Holzertrag gerichtet. Er wurde teils von privater, teils von staatlicher Seite (Forstverwaltungen) planmäßig aufgeforstet — in den alten österreichischen Gegenden der heutigen italienischen Alpen seit 1830 und 1860, in den französischen Alpen besonders in Savoyen und — zur Wiederaufforstung der Badlands — in den provençalischen Alpen. Auf diese Waldungen (in den niederschlagsreichen Gebieten als Fichten-, in den trockeneren als Kiefernwälder) gehen die vielen, z. T. recht großen Sägewerke in vielen Alpentälern zurück, auch Möbel- und Papierindustrie.

Die Konkurrenz aus Übersee (Skandinavien, Kanada) führte allerdings dazu, daß der Renditewald aufgrund des geringen Holzpreises seit etwa zwei Jahrzehnten keinen Gewinn mehr erzielt. Der wirtschaftliche Deckungsbeitrag beträgt 65,— sfr je m^3. Er wird in keinem Schweizer Kanton erzielt. Die Folge davon ist, daß die Waldbestände überaltern. In solchen überalterten Beständen ist die Schutzfunktion jedoch erheblich eingeschränkt; Lawinen- und Murabgänge haben hier zugenommen, weil der überalterte Wald sich nicht mehr kontinuierlich verjüngt und es daher durch Schnee- und Windbruch zu flächigen Waldzusammenbrüchen kommt. Im Allgäu und in Oberbayern sind nach Kartierungen des bayerischen Landwirtschaftsministeriums 10-15 % der Schutzwälder nicht mehr intakt. Sanierungsmaßnahmen werden jährlich auf bis zu 20 Mill. DM geschätzt. Von solchen Flächen aber laufen die Niederschläge rascher ab. Dadurch kommt es zu Hochwässern, die nun ihrerseits nach flußab die Gebirgstäler zunehmend zuschottern und diese somit unbewohnbar machen. Die Kosten für die Wildbachverbauung, die als Schutzmaßnahme notwendig wäre, sind jedoch immens und unterbleiben daher. Auch hier wiederum: ein gefährlicher Teufelskreis!

Als Abhilfe werden erwogen: Schutz vor der internationalen Konkurrenz über Zölle oder direkte staatliche Zuschüsse, die die Preisdifferenz ausgleichen. Wie auch immer: letztlich bezahlen wir alle — entweder über höhere Preise aufgrund der Zölle oder über Steuern — die rentable Bewirtschaftung des Waldes mit. Die Frage ist, ob jeder von uns im Hinblick auf die vielen Wohlfahrtswirkungen des Waldes, besonders auch des Bergwaldes, bereit ist, solche zusätzlichen Kosten mitzutragen.

Die Kosten werden sich weiter dadurch erhöhen, wenn man im Hinblick auf die Bewirtschaftung der Wälder auf den kostengünstigen, aber ökologisch sehr ungünstigen Kahlschlag verzichtet, stattdessen auf den naturnahen Femel- bzw. Plenterbetrieb umstellt. Bei dieser Betriebsform werden jeweils nur die ältesten Bäume einzeln herausgeschlagen. Dies verursacht selbstverständlich wiederum höhere Kosten (Zugang, Abtransport), ermöglicht dem Wald aber die natürliche Verjüngung im Sinne der oben angeführten Strategie. In einer Reihe bayerischer, österreichischer und schweizerischer Forstgebiete ist dieser Femelbetrieb teils gang und gäbe geblieben, teils neu zu Ehren gekommen.

Eine der wichtigen Wohlfahrtswirkungen ist die des Waldes als Wasserreservoir. Bekanntlich führt der große Wurzelraum zur Speicherung des Wassers, das gleichmäßiger über die Monate verteilt in die Gewässer abgegeben wird und einen insgesamt kontinuierlichen Abfluß (von der Zeit der Schneeschmelze abgesehen) garantiert und damit eine kontinuierliche Wassernutzung talab gewährleistet. Hinzu kommt, daß die Waldvegetation als solche den erosiven Aufprall der Niederschläge wie auch den raschen Abfluß verhindert, was alles der Speicherung zugutekommt. Auf diese Weise besitzt der alpine Wald Bedeutung von europäischem Rang, stellen die Alpen doch das „Wasserschloß" Europas dar (vgl. *Baumgartner* u. a. 1983).

Bei jeder der angeschnittenen ökologischen Fragen ist die Situation umso gefährlicher, je mehr sich das Waldsterben auch in den Alpen ausbreitet. Besonders gefährdet sind die Alpennordseite und die Gebiete entlang der Hauptverkehrsstränge, so am Brenner und am Gotthard. Entlang der Gotthard-Route läßt sich beobachten, welch wenige Jahre genügen, um zu einer drastischen Zunahme des Waldsterbens zu führen; denn seitdem der Gotthardtunnel 1980 eröffnet wurde, kanalisierte sich der schweizerische Kfz-Verkehr auf diesen hin. In den genannten Gebieten sind die Höhenlagen zwischen 800 und 1200 m besonders gefährdet. Dies liegt daran, daß sich in diesen Höhenlagen Nebel am häufigsten einstellen (teils aufgrund der hochreichenden Inversionswetterlagen, teils aufgrund des Wolkenstaus). Im Nebel ist aber einerseits die Schadstoffkonzentration sehr hoch, andererseits fließen die Nebeltröpfchen langsamer ab, so daß die Schadstoffe um so ätzender wirken können. In Vorarlberg sind nach Untersuchungen der dortigen Landesregierung 95 % der Wälder geschädigt. Die Folgen des Waldsterbens bringen den selben Teufelskreis hervor wie er oben im anderen Zusammenhang beschrieben wurde. Zusätzlich zu den beschriebenen Vorgängen werden auch die Hänge insgesamt labiler, d. h. sie neigen verstärkt zu Rutschungen. Eine detaillierte Kartierung der sog. „Hanglabilitäten" durch die bayerische Staatsforstverwaltung hat erbracht, daß 66 % der Gehänge in den oberbayerischen Alpen in Gefahr sind, talwärts zu rutschen. Im Verlauf dieser Kartierung wurden 283.000 ha genau untersucht. (Eine ausschnittweise Reproduktion der sehr differenzierten farblichen Darstellung auf der Grundlage der TK 25 ist als Schwarz-Weiß-Grafik nicht möglich. Vgl. jedoch Abb. 4./1. 4./2 und 4./3.) 45 % dieser Fläche sind als stark rutschgefährdet einzustufen. Diese Rutschgefahr hat nun durchaus natürliche Ursachen und ist vom Tongehalt der Gesteine abhängig. Gemildert aber wird die Rutschgefahr durch dichten Bewuchs. Je mehr der Bergwald vom Waldsterben betroffen ist, umso größer wird damit die Gefahr, daß die Hänge abrutschen — mit allen Folgen, die oben geschildert wurden. Allerdings: Zeitangaben über einen eventuellen Zusammenbruch der Wälder kann niemand machen, damit auch nicht für das Eintreten von Katastrophen im Tal. Das liegt u. a. auch daran, daß selbst die deutlich geschädigten Bäume ein erstaunliches Regenerationsvermögen besitzen. (In der Schweiz mußte allerdings aus diesen Gründen bereits ein Dorf geräumt werden.) Das Regenerationsvermögen erscheint besonders groß im sog. „standorttypischen Berg-Mischwald" zu sein, nicht jedoch in den Fichten-Monokulturen. Wo es irgend möglich ist, versucht man daher, auf den gefährdeten Bergpartien junge Bäume des standorttypischen Mischwaldes nachzupflanzen. Mit Unterstützung des Deutschen Alpenvereins

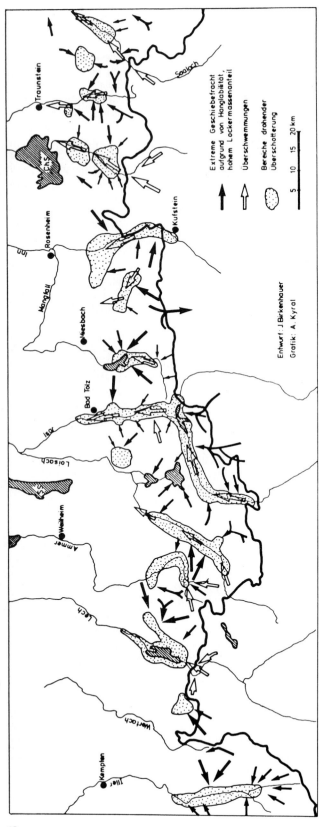

Abb. 4./1: Gefährdete Hänge und Katastrophenhochwässer am Beispiel der bayerischen Alpen (Quelle: DAV-Katastrophenkarten: Hochwasser; Erosion und Lawinen)

Abb. 4./2 (oben): Badlandbildung in den französischen Alpen am Stausee von Ser-re-Poncon (Foto: *J. Birkenhauer*)

Abb. 4./3 (rechts): Moderne Wildbachver-bauung im Rauristal (Foto: V-Dia-Verlag)

Abb. 4./4: Wiederbegrünung im hohen Allgäu (Foto: *Ernst Fesseler*)

sind auf schwer geschädigten Hängen im Allgäu in einem Pilotversuch folgende Maßnahmen eingeleitet worden. Da auf schwer geschädigten Hängen der Kampf mit der Erosion zu einem Wettlauf mit der Zeit geworden ist, sollen standortgerechte Pflanzen einen Wachstumsvorsprung erhalten. Diesen besitzen sie unter den harten Bedingungen des alpinen Höhenklimas normalerweise nicht. Zu diesem Zweck werden im Herbst Samen und Stecklinge von Wildpflanzen in der unmittelbaren Umgebung der Problemflächen gesammelt und für ein knappes Jahr im klimagünstigeren Tal bzw. Vorland mit längeren Wuchszeiten kultiviert. Dadurch wird die oft extrem kurze Vegetationszeit der Hochgebirge so verlängert, daß die Pflanzen ausreichend gekräftigt sind. Diese Kräftigung verschafft den so kultivierten Pflanzen einen Vorsprung, der auf rd. fünf Jahre geschätzt wird. Die oben ausgesetzten Pflanzen werden mit einer zusätzlichen Maßnahme geschützt: über die Problemflächen, die wiederbesiedelt werden sollen, werden Jutenetze gelegt (da Jute natürlich verrottet) und die Pflanzen zwischen die schützenden Maschen gesetzt (Abb. 4./4).

Man erkennt, mit welch hohem Arbeits- und Pflegeaufwand relativ kleine Flächen geschützt werden müssen. An dem geschilderten Projekt in der Nähe der Kemptener Hütte im Allgäu wird interdisziplinär gearbeitet: Ingenieure, Biologen, Gärtner, Geologen (sog. ingenieurbiologische Methode).

5 Die sekundäre Inwertsetzung: Industrie und Hydrostrom

In der sekundären Inwertsetzung kann man zwei Hauptphasen ausmachen: 1. eine ältere, sehr lange andauernde, 2. eine jüngere, noch recht kurze (etwas über 100 Jahre), aber sehr wichtige.

5.1 Die ältere Phase

In der älteren Phase werden die traditionellen Ressourcen der Alpen allein genutzt: Bodenschätze (Erze, Salz) und Holz im wesentlichen. Die meisten Erze sind inzwischen längst ausgebeutet. Nur in Österreich werden noch in größerem Umfang Magnesit (für feuerfestes Material) abgebaut und Eisenerz am berühmten steirischen Erzberg. Die steirischen Erze gaben Anlaß zur Entstehung einer ausgedehnten Stahl- und Walzwerkindustrie im Mur-Mürz-Gebiet einerseits (Mittelpunkte: Leoben, Bruck) und in Linz an der Donau andererseits. Die meisten und größten Betriebe gehören zum österreichischen Staatskonzern VÖEST, der mit 70 000 Beschäftigten das größte österreichische Unternehmen ist, aber schwer defizitär ist. Milliarden DM mußten bereits zugeschossen werden, weitere sind notwendig. Die Verlustquellen sind vielfältig; eine davon ist, daß die Verhüttung des eigenen Erzes (nur 30 % Fe-Gehalt) völlig unrentabel geworden ist. Anscheinend arbeiten heute nur noch die Bergamasker Eisen- und Stahlbetriebe (bei Bergamo in Italien) einigermaßen rentabel — aber auch hier längst nicht mehr auf der traditionellen Grundlage des eigenen Erzes, sondern auf Schrottbasis.

5.2 Die jüngere Phase

Diese jüngere Phase ist bestimmt von der Erschließung der Alpen durch die Ausnutzung der Wasserkraft für die Hydrostromgewinnung. 1978 wurde in den französischen Alpen die Jahrhundertfeier der „houille blanche" (weiße Kohle) festlich begangen — geht doch die industrielle Erschließung mit Großbetrieben und vielen Arbeitskräften in einer Reihe abgelegener savoyischer, ja, bereits stark verlassener Gebirgstäler auf die Erschließung der „weißen Kohle" zurück — und nicht nur hier: in der Schweiz, in Österreich und in Italien. Die seinerzeit modernsten Werke mit epochemachenden Pionierleistungen entstanden im metallurgischen und hydrochemischen Bereich (Aluminium, Stahlveredelung, Silicium, Karbid u. dgl.). Zudem wurde der Hydrostrom die Hauptantriebskraft für die traditionelle Textilindustrie und Uhrenfertigung (Genfer Hinterland, Rheinquertal). Viele neue Arbeitsplätze entstanden oder konnten in der traditionellen Industrie erhalten bleiben. Die Dichtekarte ist der Ausdruck für diesen Sachverhalt. (Abb. 5.2./1), wie ein Vergleich mit der Industriekarte (Abb. 5.2./3) zeigt (vgl. auch Abb. 5.2./2). Mit der neueren Phase aber entstanden neue Nutzungs- oder Landschaftskonflikte: häßliche Industrieagglomerationen in engen Alpentälern, Immissionen mit Smoggefahr bei Inversionswetterlagen in den wenig ventilierten Becken, Entstehen regelrechter Kraftwerkstreppen (Abb. 5.2./4), um alle erdenklichen Reliefunterschiede auszunutzen, Entstehen von hochgelegenen Pumpspeicherkraftwerken mit künstlichen Seen in vorher unberührter Matten-, Fels- und Eislandschaft (vgl. Abb. 5.2./4), erbittertes Ringen um die letzten noch zu erschließenden Hydrostromreserven. Denn die Alpen sind (als „Wasserschloß" Europas, als durchgängigstes Hochgebirge der Erde, als Gebiet potenzierter Reliefenergien) zum energiewirtschaftlich am meisten erschlossenen Hochgebirge der Erde geworden — kein Wunder auf dem Hintergrund, daß die anteiligen Staaten keine eigenen mineralischen Brennstoffe aufweisen oder doch nur untergeordnet bzw. in weiter Entfernung (wie in Frankreich), kein Wunder aber auch auf dem Hintergrund, daß die deutsche E-Wirtschaft an Ruhr und Rhein aus technischen Gründen auf die Alpen als Ergänzungsraum übergriffen. Denn nur hier ließen sich Pumpspeicherwerke mit großen Fallhöhen anlegen, die den benötigten Spitzenstrom liefern und nachts den billigen Nachtstrom abnehmen, um damit das Wasser wieder hinaufzupumpen und in potentielle Energie rückzuverwandeln.

Erst wurde daher das Silvretta-Gebirge erschlossen (seit etwa 1930, vom RWE aus, dem größten privaten europäischen Stromerzeugungsunternehmen) und nach und nach erweitert, dann die Hohen Tauern: auf allen Seiten. Hier ist besonders die Kraftwerksgruppe Reißeck-Kreuzeck in Kärnten zu

Abb. 5.2./2: Industrialisierung in den Alpentälern. Beispiel: Maurienne-Tal (Foto: *J. Birkenhauer*)

nennen mit der größten genutzten Fallhöhe der Erde: 1700 m. Heute tobt der Kampf um die letzten Reserven in den Hohen Tauern (Gr. Venediger), hier im Konflikt mit den Bestrebungen, den durchgehenden Nationalpark Hohe Tauern zu schaffen, in den tirolischen Landesteilen bis heute an den Interessen der deutschen E-Wirtschaft und an der ansässigen Bevölkerung gescheitert. (Vgl. 5.2/5)

Am stärksten sind die Wasserkräfte in Italien ausgebaut; dort sind zu fast 100 % alle wirtschaftlich ausbaubaren Reliefunterschiede genutzt, besonders in Piemont, in der Lombardei, in Welsch- und Südtirol. Ähnlich wie in den südlichen französischen Alpen gibt es zwar auch auf der italienischen Seite noch hohe Reliefenergiepotentiale, doch aufgrund der klimatischen Gegebenheiten (mediterranes und submediterranes Klima) und der deswegen geringen Niederschläge und der daher kleinen Gletscherflächen können diese nicht genutzt werden. Auch in Savoyen sind sämtliche Wasserkräfte genutzt. Nur in der Schweiz und in Österreich sind die letzten Reserven noch nicht erschlossen.

Verständlich wird die Ausnutzung der Alpen für den Hydrostrom einmal im Zusammenhang mit dieser überaus erfolgreichen Technologie, ein andermal auf dem Hintergrund des hohen Wirkungsgrades der Anlagen: 85 % der potentiellen Energie werden in Strom umgesetzt (beim Wärmekraftwerk dagegen nur rd. 40 % — beim Benzinmotor allerdings nur 15—20 %!). Zwar sind die Anlagekosten erheblich höher (je kWh) als bei einem Wärmekraftwerk, doch hat das Wasserreservoir den Vorzug, sich ständig zu erneuern.

Die Leistungsfähigkeit der Speicherkraftwerke zeigt sich besonders im Spitzenbetrieb pro Stunde: ein vergleichbares Laufkraftwerk an der Donau erbringt pro Stunde 225 MW, das Speicherwerk dagegen 730 MW. Allerdings ist das Laufkraftwerk aufs ganze Jahr bezogen insofern wirtschaftlicher, als es insgesamt 1900 GW liefert, das Speicherwerk jedoch nur 715.

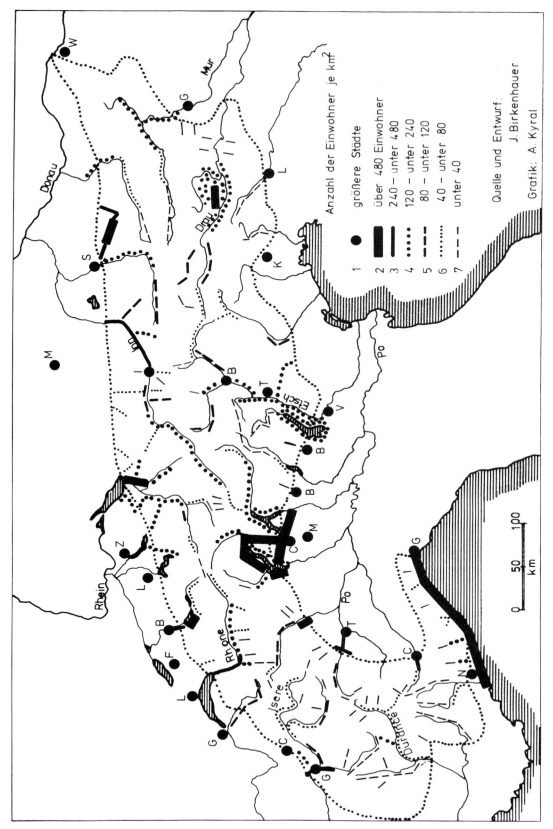

Abb. 5.2./1: Bevölkerungsdichte in den Alpen

Anzahl der Einwohner je km²

größere Städte

über 480 Einwohner

240 – unter 480

120 – unter 240

80 – unter 120

40 – unter 80

unter 40

1
2
3
4
5
6
7

Quelle und Entwurf: J. Birkenhauer

Grafik: A. Kyral

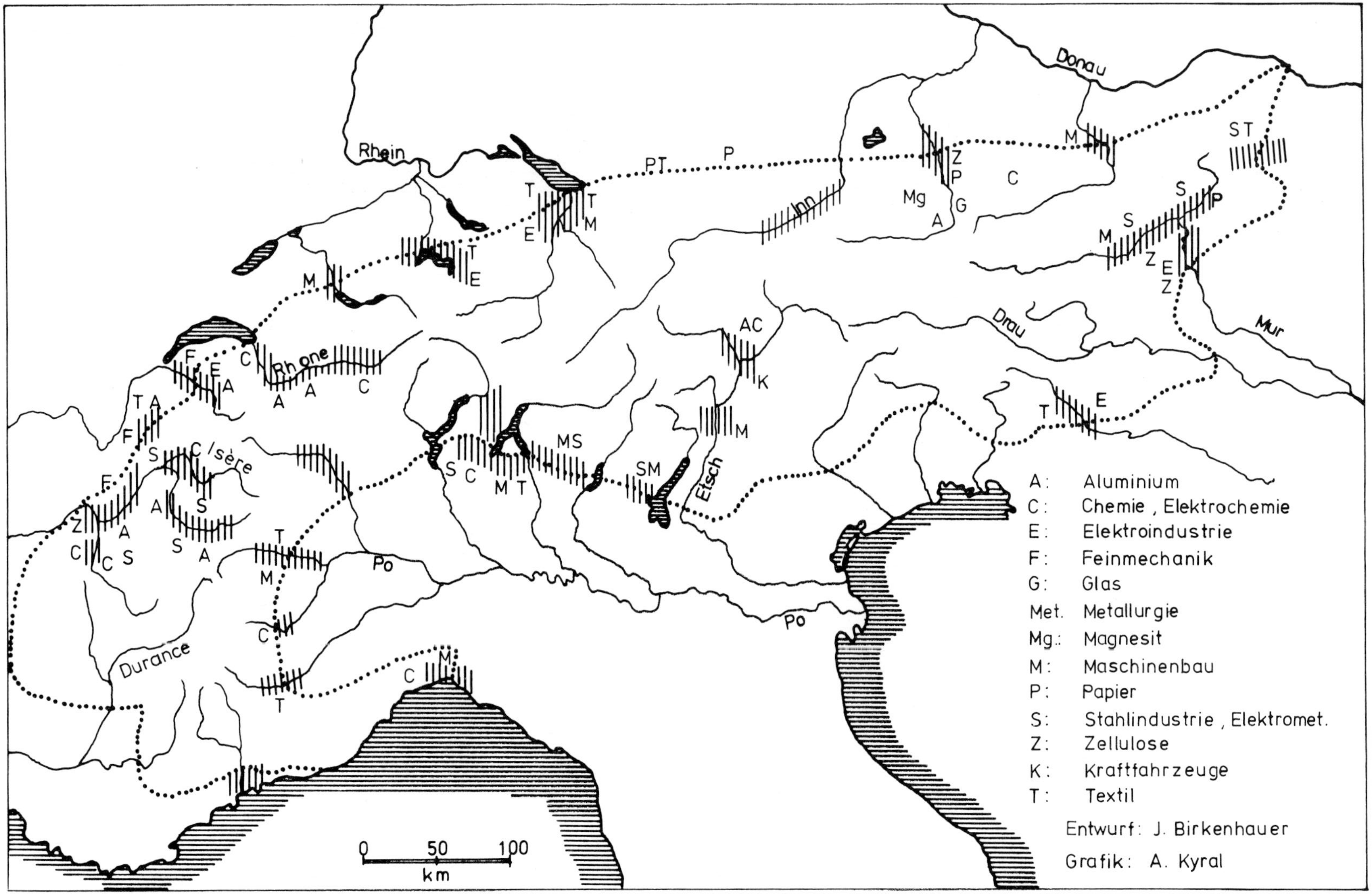
Rhein
Donau
Inn
Drau
Mur
Rhone
Isère
Durance
Po
Etsch
A: Aluminium
C: Chemie, Elektrochemie
E: Elektroindustrie
F: Feinmechanik
G: Glas
Met. Metallurgie
Mg.: Magnesit
M: Maschinenbau
P: Papier
S: Stahlindustrie, Elektromet.
Z: Zellulose
K: Kraftfahrzeuge
T: Textil
Entwurf: J. Birkenhauer
Grafik: A. Kyral
0 50 100
km

Abb. 5.2./3: Alpine Industriegebiete

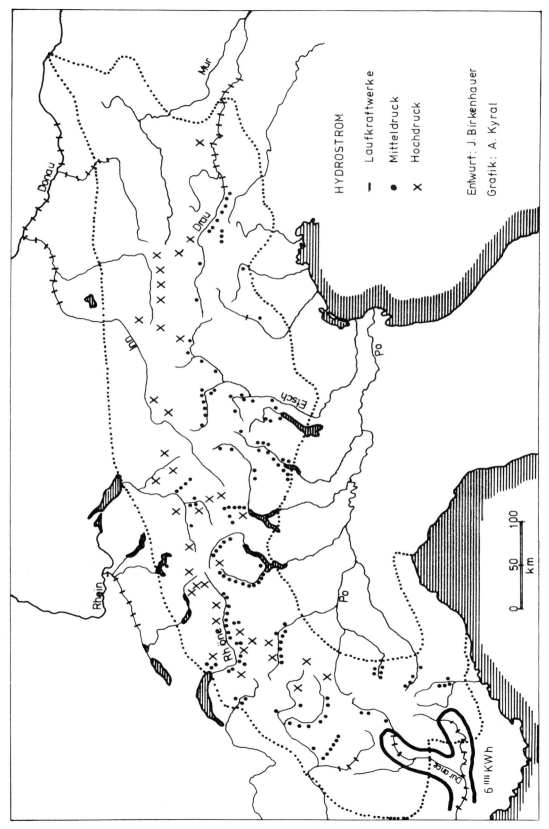

Abb. 5.2./4: Standorte der alpine Hydrostromanlagen (Quelle: eigene Zusammenstellung nach verschiedenen Unterlagen)

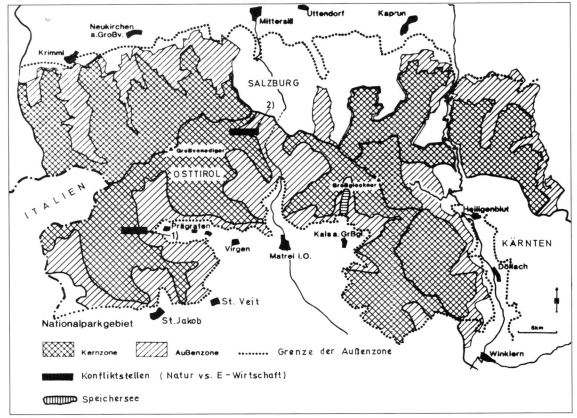

Abb. 5.2/5: Der Nationalpark Hohe Tauern (Quelle: *Draxl* 1978; *Seger* 1984. Grafik: *A. Kyral*)

Bemerkungen:
Gesetzlich realisiert in Kärnten (1981) und Salzburg (1984). In Osttirol nur Vorschlag. In der Kernzone ist nur die traditionelle Bergwirtschaft erlaubt. In der Außenzone dürfen gewerbliche Nutzungen weiterbetrieben werden.
1) Umbaltal
2) Innergschlöß

6 Die tertiäre Inwertsetzung: Verkehr und Dienstleistungen

Die reliefbedingte Durchgängigkeit der Alpen ist für die so intensive Nutzung der Alpen als menschlicher Lebensraum eine wesentliche Voraussetzung seit Jahrtausenden: für die Landwirtschaft, für die Industrie, im Hinblick auf die Entstehung von Dichte- und Energiegassen. Aus dieser Durchgängigkeit erwächst dem Gebirgsraum zusätzlich ein weiteres Potential, das von außen induziert ist, muß die Gebirgsschranke der Alpen doch mit erheblichem Reiseaufwand durchquert werden, wollen die Vorländer im Norden und im Süden in Kontakt treten. Da nun die südlichen und nördlichen Vorländer natur- und kulturlandschaftlich unterschiedlich gestaltet sind, entwickelte sich bereits in der neolithischen Zeit ein lebhafter Handel durch die Alpentäler und über Pässe hinweg. Diese Austauschbewegungen — auch durch das primäre Potential der Alpen ursprünglich gefördert: Salz und Metalle — nahmen seit dem Eisenbahn- und erst recht seit dem Autobahnzeitalter immer größeren Umfang an (vgl. Abb. 6.1).

Um die Durchgängigkeit der Alpen zu verbessern, sind immer aufwendigere Verkehrsbauten entstanden, die ihrerseits selbstverstärkend dazu führten, daß das Verkehrsaufkommen rapide anstieg und seit etwa 1980 z. T. bereits wieder an die oberste Kapazitätsgrenze der Anlagen stößt. Welche Folgen der rapid ansteigende Kfz-Verkehr im Hinblick auf das Waldsterben hat, wurde bereits am Beispiel des Gotthard-Tunnels erläutert. Die Baumaßnahmen für schnellere Verkehrsverbindungen durchs Gebirge begannen mit dem Gotthard-Eisenbahntunnel, der es erlaubt, den Alpen-Hauptkamm in knapp 20 Minuten zu unterfahren, nachdem vorher, selbst mit dem Auto, mehrere Stunden benötigt wurden. Außerdem war damit eine wintersichere Verbindung zwischen Nord und Süd geschaffen worden. Daher entwickelte sich hier — wie selbstverständlich später an weiteren Eisenbahntunnels ebenfalls — die Autoverladung.

Für den Weg durch die Alpen, besonders für die Güter, wurde die Gotthard-Linie bald die Nr. 1. Die Kapazitätsgrenze beträgt 12 Mill. t. Der Erfolg des Gotthard-Basistunnels (so genannt, weil er den Alpen-Hauptkamm an seiner tiefen Basis unterquert) ließ bald weitere Eisenbahnbasistunnel entstehen: den von Fréjus auf der Hauptstrecke London—Paris—Turin—Mailand, den Tauern-Tunnel auf der Strecke München—Salzburg—Klagenfurt—Balkan, den Arlbergtunnel. Neuerdings ist auch ein Basistunnel am Semmering geplant (Wien—Italien).

In ähnlicher Weise entstanden nach und nach Autobahn- und Straßentunnels, nachdem der erste von Chamonix durch das Mt.-Blanc-Massiv nach Turin—Mailand 1965 eröffnet worden war und seine Rentabilität bewiesen hatte. Es folgte der am Großen St. Bernhard, der Felbertauerntunnel, der Arlberg-Tunnel und schließlich, als aufwendigstes Bauwerk, der Gotthard-Basistunnel. Auch die gesamte Tauernautobahn zeichnet sich durch eine Reihe tiefliegender langer Tunnel aus. Die lange Bauzeit bis zur Fertigstellung einer durchgehenden Autobahn erklärt sich hier damit, daß — im Unterschied zu den vorgenannten Beispielen — mehrere hintereinander gestaffelte Gebirgsketten durchstoßen werden mußten. An wichtigen Verkehrsverbindungen, die ohne Tunnel auskommen, ist im Grunde nur noch der Simplon-Paß und der Brenner zu nennen, nachdem seit kurzem auch von Fréjus bzw. Modane aus der Auto-Basistunnel nach Turin eröffnet werden konnte und den früher lebhaften Paßverkehr über den Mt. Cenis völlig zum Erliegen gebracht hat. Die Untertunnelung des Brenners schien nicht angebracht zu sein, da der Brenner-Paß mit rd. 1300 m der niedrigste Alpenpaß ist und daher ganzjährig verkehrsoffen bleibt.

Abgesehen von diesem z. T. gigantischem Ausmaß des Verkehrsausbaus hatten die Austauschbewegungen zwischen Nord und Süd noch zwei weitere Folgen:

1. Die Entstehung von Städten in regelmäßigen Abständen als Etappen- und Aufstiegsorte mit entsprechender Zunahme der Erwerbsmöglichkeiten aufgrund des Paßverkehrs, ja der Entstehung eigener leistungsfähiger Kaufmannschaften (z. B. wie in Bozen, wo lange eine überregionale Messe erfolgreich abgehalten wurde). Im Verlauf der Hauptdurchgänge verdichtete sich die Bevölkerung. Auf diese Achsen hin begann die Bergbevölkerung seit etwa 1870 verstärkt abzuwandern.

2. Die Entstehung von Paßterritorien, die sich im

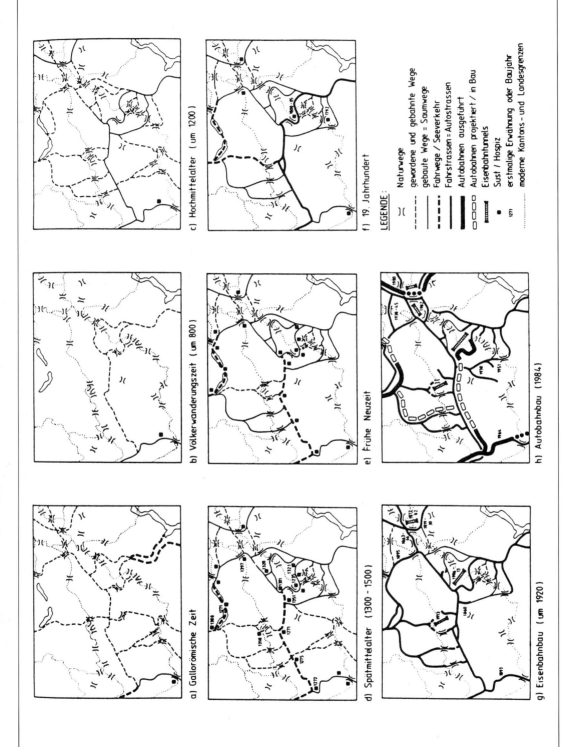

LEGENDE:

)(Naturwege

––––––   gewordene und gebahnte Wege

––––––   gebaute Wege = Saumwege

–·–·–   Fahrwege / Seeverkehr

—··—··—   Fahrstrassen = Autostrassen

━━━   Autobahnen ausgeführt

▭▭▭   Autobahnen projektiert / in Bau

▦▦▦   Eisenbahntunnels

■   Sust / Hospiz

1271   erstmalige Erwähnung oder Baujahr

·········   moderne Kantons- und Landesgrenzen

a) Gallorömische Zeit

b) Völkerwanderungszeit (um 800)

c) Hochmittelalter (um 1200)

d) Spätmittelalter (1300 – 1500)

e) Frühe Neuzeit

f) 19. Jahrhundert

g) Eisenbahnbau (um 1920)

h) Autobahnbau (1984)

Abb. 6./1: Entwicklung des Verkehrsnetzes in den mittleren Alpen (Quelle: „Umbruch im Berggebiet", S. 473)

Abb. 6./2: Brennerautobahn und Brennereisenbahn bei Klausen in Südtirol (Foto: *J. Birkenhauer*)

Zusammenhang mit der Sicherung der Pässe und aufgrund der Zölle zu festen staatlichen Regionen entwickeln konnten. Zu nennen sind hier vor allem Savoyen und die schweizerische Eidgenossenschaft, nachgeordnet auch das Wallis, Graubünden, Tirol, Salzburg, Steiermark. Viele Burgen und die zu Festungsstädten ausgebauten größeren Orte zeugen heute noch davon. (Vgl. im einzelnen *Birkenhauer* 1980).

Seit etwa 1980 hat der Brenner-Weg den Gotthard-Durchgang als Nr. 1 abgelöst. (Brenner 10 Mill. Kfz, Gotthard 3,2 Mill.; 1986) 70—80 % des Verkehrsaufkommens am Brenner sind reiner EG-Transitverkehr, im wesentlichen zwischen Italien und der Bundesrepublik. Lag 1965 (2 Jahre vor Beginn des Ausbaus der Brenner-Autobahn) das gesamte Transportaufkommen an Gütern (Schiene und Straße) bei etwa 4,3 Mill. t. so waren 1980 bereits (nur ein paar Jahre nach der durchgehenden Fertigstellung) 15,2 Mill. t erreicht, 1986 20 Mill. t, wovon 16,2 Mill. t allein auf den Lkw-Verkehr entfielen. An Reisenden wurden 1965 9,2 Mill. Personen gezählt, seit 1977 jährlich rd. 35 Mill. Auf der Schiene ist die Obergrenze der Transportmöglichkeit mit 4 Mill. t jährlich schon seit vielen Jahren erreicht, auf der Straße an vielen Tagen bereits gegeben (vgl. Abb. 6./2).

Seit einer Reihe von Jahren ist daher bei den Anrainer-Staaten ein Eisenbahnbasistunnel im Gespräch, der den Brenner auf 60 km untertunnelt, direkt bei Innsbruck in den Berg geht und bei Sterzing wieder herauskommt. Nachdem die Tiroler Bevölkerung im Sommer 1986 ein paar Tage lang einen wirksamen Straßenboykott praktiziert hatte, um auf die langfristigen Schäden (Immissionen, Lärm, Landschaftsverbrauch) nachdrücklich hinzuweisen, einigten sich die Verkehrsminister der beteiligten Staaten auffälligerweise sehr bald auf einen Eisenbahn-Basistunnel. Mit projektierten Geschwindigkeiten bis zu 250 km/h könnten im Jahr 12 Mill. t Güter bewältigt werden. Der Tunnel würde also zu einer außerordentlichen Entlastung der Situation am Brenner führen.

Inzwischen sind von den Bürgerinitiativen in Tirol noch weiterreichende Pläne vorgestellt worden. Diese zielen darauf, den gesamten Durchgangsverkehr (Bahn, LKW, PKW) zwischen München und Verona aus den Alpen zu verbannen. Dazu wurde der Vorschlag gemacht, die Alpen zwischen Garmisch-Partenkirchen und Verona in einem Riesentunnel (Länge ca. 160 km) völlig zu durchstoßen. Vergleichsberechnungen mit dem beschlossenen Tunnel unter dem Ärmelkanal haben gezeigt, daß dieser Tunnel (als Eisenbahntunnel mit obligatorischem Autoverladen auf beiden Seiten betrieben) mindestens genauso wirtschaftlich sein würde, trotz seiner Kosten von derzeit 52 Mrd. DM. Technisch ist er ebenso machbar. Technisch zugleich lösbar und faszinierend, sollte man diesen Vorschlag im Hinblick auf die alpine Landschaft und Bevölkerung mit vollem Ernst erwägen, zumindest auf der Strecke Garmisch—Meran, mit Kosten (nach *Vieregg* 1987) von ca. 6 Mrd. DM. (Weitere Zahlen und Einzelangaben: siehe *Saibene* 1984, mit Karte des Aufkommens aller Alpenpässe.)

Eine zusammengefaßte Übersicht im Vergleich von Schiene und Straße der wichtigsten Transitländer erlaubt Tab. 6./1.

So gravierend die z. T. überdimensionale Verkehrserschließung im Hinblick auf erhebliche Eingriffe in die Landschaft auch ist (man kann durchaus von erheblicher Landschaftsverschandelung sprechen, wie z. B. entlang der Brennerautobahn, besonders

Tab. 6./1: Güterverkehr in den Alpen nach Ländern und Verkehrsträgern in Mill. t. 1980/1981 (Quelle: ,,Umbruch'', 1984, S. 463)

Land	Schiene	Straße	Gesamt
Frankreich	8,5	9,9	18,4
Schweiz	16,1	1,3	17,4
Österreich	4,5	11,1	16,6
Total	29,1	22,3	51,4

im Eisack-Tal; vgl. Abb. 6./2), so sehr ernstzunehmen die von den Immissionen des gesteigerten Kfz-Verkehrs ausgehenden Belastungen im Wald auch sind (mit allen Folgen eines ökologischen Teufelskreises), darf man trotzdem nicht verkennen, daß für die alpine Bevölkerung gerade die Verkehrserschließung eine hohe Bedeutung hatte und für die Zuteilung neuer Lebenschancen im Berggebiet noch weiter hat. Das weinende und das lachende Auge liegen auch hier nah beieinander.

7 Die quartäre Inwertsetzung: Der Tourismus

Die quartäre Inwertsetzung, d. h. also diejenige durch den Fremdenverkehr, überlappt sich mit der tertiären Phase, insofern die Zugänglichkeit und Erreichbarkeit eines Gebietes für den Tourismus ja eine entscheidende Voraussetzung ist. Insofern hielt der Fremdenverkehr seinen prägenden und den Wohlstand fördernden Einzug im wesentlichen erst mit dem Beginn des Eisenbahnzeitalters (erste Bahnlinien um 1860 bis an den Alpenrand, beginnende Querungen seit 1870, volle Erschließung seit 1910—1920). Doch kam die Hauptwelle erst mit der Heraufkunft des Autos als Verkehrsmittel für breite Massen seit der Mitte der fünfziger Jahre. Erst seitdem kann man vom Massentourismus sprechen, erst seitdem ist auch der Fremdenverkehr zu einem Problem geworden.

7.1 Die Attraktivität der Alpen als Fremdenverkehrsraum

Daß die Alpen — gemessen an der Gesamtzahl aller Übernachtungen — (1978: 220 Mill: 1984: 300 Mill., davon Österreich 38 %, Schweiz 25 %,

Bayern 6 %) zum wohl attraktivsten Fremdenverkehrsraum der Welt wurden, ist im wesentlichen in zwei Ursachen begründet, die einen erheblichen Wandel in der Einstellung zum Gebirge mit sich brachten. Diese Ursachen sind einmal ein soziologisch-literarischer Geschmackswandel, ein andermal ein Wandel in der Bewertung der Freizeitaktivitäten.

Der Geschmackswandel setzte vor etwa 200 Jahren ein. Getragen wurde er von der soziologischen Oberschicht. Eingeleitet und begleitet wurde er von den damals führenden Literaten und Dichtern. Die Oberschicht lernte die Alpen auf den sog. ,,Kavalierstouren'' auf dem Weg nach Italien und Frankreich bzw. von dorther nach Österreich und Deutschland kommend kennen. Für jeden angehenden ,,Kavalier'' und Gentleman gehörte es nämlich zum guten Ton (so er es sich leisten konnte) die wichtigeren Stätten Europas auf bis zu jahrelangen Reisen (mit vielen z. T. monatelangen Haltestationen) kennenzulernen, bevor er sich mit einer mehr oder weniger ernsten Ausübung eines Berufes zu beschäftigen begann. Einer, der auf

Abb. 7.1./1: Gebirgsromantik in Montreux (Käufliche Ansichtskarten)

mehreren Reisen die Alpen querte, z. T. sich länger dort aufhielt, war *Goethe*. Den literarischen Niederschlag fanden seine Eindrücke z. B. im ,,Wilhelm Meister" (1775—1796). *Goethe* war an den Alpen interessiert als Naturforscher und wegen ihrer Bodenschätze. Im ganzen empfand er jedoch die Landschaft als abstoßend. Nur die Talregionen bedachte er als lieblich und idyllisch mit immer neuen Schilderungen, besonders jene an den insubrischen Seen (Mignon: ,,Kennst du das Land . . ."). Der Gegensatz zwischen der lieblichen Landschaft am See mit üppiger Parkvegetation und schönen Landhäusern und prächtigen Villen einerseits und der dräuenden Gebirgswelt im Hintergrund hat den frühen Reiz des Verweilens in den Alpen ausgemacht und hat lange auf entsprechende Ansichtskarten seine z. T. kitschige Darstellung gefunden. Es sind vor allem die Rivieren (an Meer und Seen), die in dieser frühen Zeit als Fremdenverkehrsge-

biete in den Randsäumen der Alpen inwertgesetzt werden. (Vgl. Abb. 7.1/1)

Im ,,Wilhelm Meister" nimmt *Goethe* keine Notiz von einem anderen einflußreichen Literaten vor ihm. Dieser Schriftsteller trug entscheidend zum Einstellungswandel im Hinblick auf die alpine Gebirgswelt bei, und zwar so, daß seit ihm die Gebirgsszenerie nicht mehr, wie vorher, als abweisend, gefährlich gilt, sondern als ästhetisch schön und emotional attraktiv. Dieser Schriftsteller ist *J. J. Rousseau*. Epochemachend war vor allem sein Briefroman ,,Die neue Heloise", der bereits 1761 erschienen war. In emphatischer Sprache schildert dort Julien seiner Heloise z. B. die großartige Landschaft des Wallis. Kein Wunder, daß bald das Wallis von der Riviera am Genfer See aus auf *Rousseaus* Spuren bereist wurde, daß die Kavalierstouren hierdurch zu führen hatten, daß das vermögende Bürgertum es den Kavalieren nachmachte. Man ver-

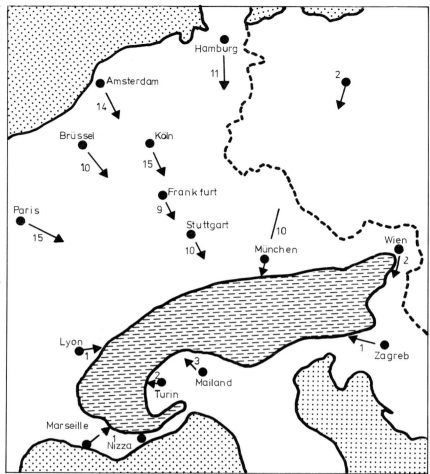

Abb. 7.1./2: Extra-alpine Ballungsgebiete als Hauptquellgebiete des Fremdenverkehrs in den Alpen (Quelle und Entwurf: *J. Birkenhauer*; Grafik: *A. Kyral*)

Die Ziffern in der Abbildung geben die Einwohnerzahlen in Mill. des jeweiligen Agglomerationsgebiets an.

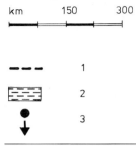

km   150   300

- - -   1

[hatched]   2

● ↓   3

gleiche nur die Schilderung, die der englische Romancier *Dickens* in seinem Roman „Little Dorrit" (1857) von der Reise durch das Wallis und über den Großen St. Bernhard gibt. Man erhält auch ein eindringliches Bild davon, mit welchem Troß eine reiche Familie damals durchs Gebirge zu reisen hatte.

Die zweite Ursache sind, wie gesagt, die gewandelten Freizeitaktivitäten. Zunächst stand das Bergsteigen und Bergwandern im Vordergrund — seit de Saussures erster Mont Blanc-Besteigung 1786 (deren zweihundertjährige Wiederkehr in Chamonix groß gefeiert wurde) und seitdem die Engländer den Alpinismus im Wallis zu einer ersten Blüte führten (worauf sich die Tradition von Zermatt bis heute gründet). Abgeschwächt nahm dann das Bürgertum seit 1870 in der Form der „Sommerfrische" am ästhetischen und sportlichen Reiz der Alpen teil. Eine weitere Entwicklung führte allerdings zu allergrößter Attraktivität der Alpen: die Entwicklung des Wintersports. Diese verdankt ihre Durchsetzung zweierlei: einmal einer wiederum geänderten men-

talen Einstellung gegenüber der beliebtesten Sportart, ein andermal dem Massenverkehrsmittel Auto (unterstützt vom steigenden Wohlstand, der es erlaubt, zweimal im Jahr Urlaub zu machen). Alpiner Skilauf wird immer mehr „in" seit 1955, seitdem „man" (in den gehobenen Gesellschaftsschichten) ihn von den zwanziger Jahren ab zu treiben begonnen hatte. Die Welle des Wintersports steigt immer noch an; überall nehmen die Übernachtungszahlen im Winter zu, diejenigen im Sommer (leicht) ab. Der Schweizer Tourismus-Forscher *Krippendorf* schätzt — gestützt auf Prognosen von Futurologen wie *Kahn* und anderen —, daß bis zum Jahr 2000 der Tourismus in den Alpen, besonders als Wintertourismus, sicher auf das Doppelte zunehmen wird, möglicherweise sogar um das Fünffache (vgl. Abb. 7.1./2).

Worauf beruht nun die Attraktivität der Alpen für den Tourismus insgesamt?

Dafür sind folgende 7 Punkte in der Reihenfolge ihrer historisch-prozessualen Bedeutung aufzuführen:

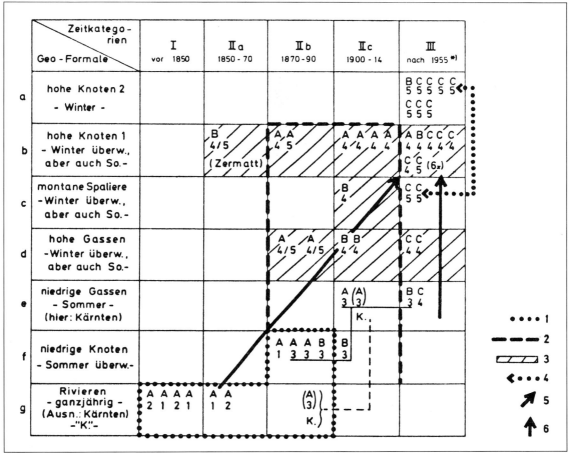

Abb. 7.2./1: Typisierung alpiner Fremdenverkehrslandschaften (Matrix der Geoformale des Fremdenverkehrs nach Höhe, zeitlicher Entwicklung, Größe und klimatischen Typen) (Quelle: *J. Birkenhauer* 1977)

1. Gebiete frühester Entwicklung, bester Erreichbarkeit und im ganzen milden Klimas;
2. Gebiete, die sich zwischen 1870 und 1914 entwickeln;
3. Gebiete mit zentralalpinem Klima;
4. Knoten mit ähnlichem Klima;
5. Hauptrichtung der Entwicklung in Beziehung zu Zeit, Erreichbarkeit, Größe und Höhe;
6. dasselbe für die letzte Periode;
A. mehr als 1 Mill. Übernachtungen;

B. 0,65—1 Mil.,
C. 0,5—0,65 Mill. Klimatypen:
   1 = mediterran;
   2 = maritimer Einfluß;
   3 = kontinental beeinflußt;
   4 = zentralalpin;
   5 = hochalpin;

*) mit Anfängen um 1900

1. die Szenerie (Gegensatz von Tälern zu schroffen Bergformen, Gegensatz von Gesteinen verschiedener Formungs- und Farbeigenschaften; Gegensatz von grüner Landschaft unten und grauer Fels- oder weißer Eis- und Gletscherwelt oben);
2. die lange Erschlossenheit der Alpen als Kulturlandschaft mit der siedlungsinfrastrukturellen Grundlage bis in großen Höhen hinein — einer Erschließung, der der Fremdenverkehr nur nachzufolgen und nachzusteigen braucht — ohne zunächst eigene Erschließungen erbringen zu müssen;
3. die gute Verkehrserreichbarkeit vieler Tallandschaften aufgrund der Durchlässigkeit;
4. die Klimagunst der zentralalpinen Talschaften;
5. die Vielfalt morphographischer Ansatzpunkte (Weitungen, Schwellen, Becken, Terrassen, Sonnenbalkone);
6. die Schneesicherheit;
7. die Erschließbarkeit von Sommerskigebieten auf den Gletscherarealen über 3000 m Meereshöhe, die den Wintersport über 7 Monate hinweg kontinuierlich auch im Sommer erlauben — unter Verwendung modernster, leistungsfähigster und zunehmend komfortabelster „Aufstiegshilfen",

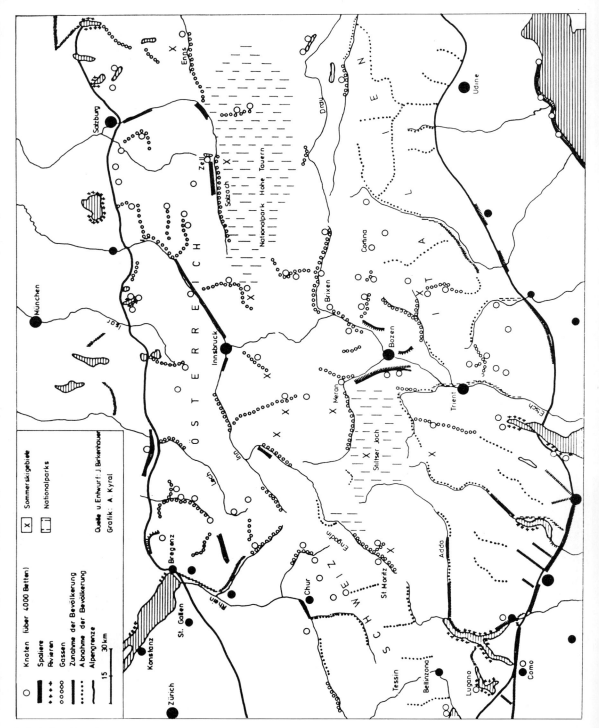

Abb. 7.2./2: Fremdenverkehrsland-schaften und Bevölkerungsentwicklung in den mittleren Alpen

Legende:

- ○ Knoten (über 4000 Betten)
- Spaliere
- Reviere
- Gassen
- Zunahme der Bevölkerung
- Abnahme der Bevölkerung
- Alpengrenze

☒ Sommerskigebiete
Nationalparks

Quelle u. Entwurf: J. Birkenhauer
Grafik: A. Kyral

15 30 km

Ortsnamen: Zürich, Konstanz, St. Gallen, Bregenz, Chur, St. Moritz, Tessin, Bellinzona, Lugano, Como, München, Salzburg, Innsbruck, Bozen, Meran, Brixen, Cortina, Trient, Udine

Flüsse/Gebiete: Enns, Salzach, Nationalpark Hohe Tauern, Drau, Isar, Inn, Lech, Rhein, Engadin, Stilfser Joch, Adda, Eisch

Länder: ÖSTERREICH, SCHWEIZ, ITALIEN

einschließlich Tunnelbahnen (Matterhorn, Sölden, Gastein).

Inzwischen gibt es in den Ostalpen keinen unerschlossenen Gletscher mehr, der sich für eine Erschließung lohnen würde. 1986 waren insgesamt 26 Sommerskigebiete in den Alpen erschlossen.

7.2 Typische Inwertsetzungsmuster

Die alpine Landschaft hat im wesentlichen vier Inwertsetzungsmuster des Fremdenverkehrs hervorgebracht. Bestimmte Reliefelemente sind dafür anscheinend besonders ausgezeichnete Grundlagen. Solche Reliefgrundlagen werden ,,Geoformale" genannt. Geoformale sind zu definieren als solche vom Relief vorgegebenen Erdformen, die sich besonders günstig durch den Fremdenverkehr inwertsetzen lassen. Es handelt sich um vier solcher Geoformale: Rivieren, von denen schon die Rede war, Gassen in Tälern (wie z. B. das Ötztal), die montanen Spaliere, die von der Fremdenverkehrswerbung gerne als ,,Sonnenbalkone" bezeichnet werden (wie z. B. Crans-Montana oder Bettmer-/Riederalp, beide im Wallis), schließlich die Knoten (wie z. B. Kitzbühel, Garmisch, Zermatt) an zusammentreffenden Tälern.

Von solchen Überlegungen ausgehend kann man versuchen, zu einer Klassifikation des Fremdenverkehrs in den Alpen zu gelangen. Dabei sind folgende weitere Merkmale zu berücksichtigen: die Dauer, seitdem ein Ort oder eine Region vom Fremdenverkehr genutzt wird, die klimatischen ,,Regimes" unter denen dies der Fall ist und die Höhenlage dieser Orte bzw. Regionen.

Tut man dies, erhält man eine Matrix wie in Abb. 7.2./1. Die Verbreitung der Geoformale in den mittleren Alpen gibt Abb. 7.2./2. wieder.

7.3 Folgen des Fremdenverkehrs

7.3.1 Positive Folgen

Als wichtigste Folge ist diejenige zu sehen, die zu einer allgemeinen Aufwertung des Berggebietes geführt hat. Als Ergänzungsraum (so *Birkenhauer* 1980) bzw. als Komplementärraum (so ,,Umbruch" 1984) der großen Ballungsräume — vgl. Abb. 7.3.1./1 — erhielt die Bergbevölkerung neue wirtschaftliche Möglichkeiten. Auf die damit verbundene Stärkung des gesamten Dienstleistungssektors (Sektor III) ist es auch zurückzuführen, wenn sich die Sektoralstruktur der Berggebiete weitge-

Abb. 7.3.1./1: Weitflächige Extensivierungen in den romanischen Alpen: Schaffarm im Gebiet des Artubuy (Foto: *J. Birkenhauer*)

Tab. 7.3./1: Fremdenverkehrsorte ab 100 000 Übernachtungen je stärkster Saison (Auswahl) (Quelle: eigene Erhebungen des Vf.)

	Kleinzentren I	Kleinzentren II	Mittelzentren	Großzentren	Sonderzentren
Übernachtungen (in 1000)	100—200	200—260	260—620	620—820	über 820
Bettenzahl (in 1000)	1,7—2	2—3	3—6	7-8	über 8
Dienstleistungen (alle Gruppen, Durchschnitt)	um 20	50—65	70—90	100—150	über 150
Beispiele (Auswahl)	Bettmeralp Obergurgl Ischgl Großarl	Serfaus Schuls Längenfeld Grächen Sölden Schruns	Canazei Meribel Corvara Neustift i. St. St. Gilgen St. Wolfgang Millstatt Lech St. Johann i. T. Alp d'Huez Kitzbühel Velden Adelboden Montana Crans Ruhpolding	Val d'Isère Garmisch-P. Zermatt Berchtesgaden Courchevel Pörtschach Hofgastein Badgastein Megève Zell a. See Cortina d'Ampezzo	Davos Gröden Saalbach Oberstdorf B. Reichenhall

hend an die der Ballungsgebiete angenähert hat. In dem so aufgewerteten Komplementärraum — der sich auch im Hinblick auf die Dienstleistungsstruktur und dessen Angebote den Großstädten angleicht (vgl. *Birkenhauer* 1976, 1979) — sind die ,,neuen Ressourcen" völlig andere als die alten: Schneesicherheit und schöne Landschaft.

Indirekt wurde eine weitere Folge bereits angesprochen: die Schaffung vieler neuer Arbeitsplätze in den Dienstleistungen: in Geschäften und Handwerk, in Restaurants und Hotellerie (vgl. Tab. 7.3.1) Inzwischen ist im übrigen die sog. Parahotellerie (Betten in Appartementbauten, Chalets, Heimen und dgl.) immer wichtiger geworden; sie hat die Hotellerie weit hinter sich gelassen (vgl. Tab. 7.3./1). Mit der Schaffung neuer Einrichtungen wurde auch für die einheimische Bevölkerung die Infrastruktur der Versorgung mit Dienstleistungen verbessert, d. h. die Lebenschancen der Berggebiete wurden wirksam gesteigert. Die Abwanderung wurde gestoppt — ja die Bevölkerung nahm wieder zu, besonders in den Höhenbereichen zwischen 1000 und 1500 m, denn dort ist mit der Möglichkeit für eine Winter- und eine Sommersaison eine gleichmäßige Rendite gegeben (vgl. Abb. 7.2.1). Besonders die früher beklagte Abwanderung der Frauen und Mädchen (*Birkenhauer* 1972, ,,Umbruch" 1984) ist zum Stillstand gekommen.

Als dritte positive Folge ist die volkswirtschaftliche Stärkung der Berggebiete hervorzuheben. In Österreich und in der Schweiz erbringt der Touris-

mus einen Anteil von rd. 10 % des gesamten Bruttoinlandprodukts dieser Staaten. Auf je 10 000 Übernachtungen in der Hotellerie werden (nach *Elsasser, Leibundgut* 1984) je 12 Arbeitsplätze in der Hotellerie und in weiteren Dienstleistungen neu geschaffen. Bei 300 Mill. Übernachtungen 1984 entspricht dies einem Volumen von rd. einer halben Million neuer Arbeitsplätze. Über die durch den Tourismus injizierte Finanzkraft wird ferner die Wohnqualität und die Versorgung der einheimischen Bevölkerung mit den früher fehlenden zentralen Funktionen, besonders in der Nachbarschaft größerer Fremdenverkehrszentren verbessert, schließlich auch die Nutzbarkeit der Landschaft erhalten. In der Schweiz z. B. fanden die Tourismuszentren den Anschluß an die Einkommensspitze, ähnlich ist es in Österreich und in Südtirol. Wie wichtig dieser letzte Gesichtspunkt ist, kann man sich am Vergleich großer Teile der romanischen Alpen mit den germanischen verdeutlichen. Aufgrund der schwierigen Landschaftsbedingungen war z. B. in den provençalischen Alpen eine enorme Abwanderung bereits um 1850 in Gang gekommen, und zwar in Richtung auf die zwischen Cannes und Monaco entstehende Riviera hin, mit deren vielen neuen Arbeitsplätzen. Die fast völlige Entleerung im Hinterland führte zum Wüstfallen vieler Siedlungen (Abb. 7.3.1./1). Damit aber war hier die siedlungsmäßige Infrastruktur als notwendigste Voraussetzung nicht mehr gegeben. Daher konnte sich — trotz z. T. sehr reizvoller Landschaf-

Abb. 7.3.1./2: Station de Ski in den romanischen Alpen — Beispiel Alp d'Huez (Foto: *J. Birkenhauer*)

ten — ein breiter Fremdenverkehr nicht mehr entwickeln; die entsprechenden Wohlfahrtswirkungen blieben aus.

Einen Sonderfall stellen demgegenüber die Wintersportzentren dar, wie sie zunehmend seit den sechziger Jahren besonders in den romanischen Alpen völlig neu in z. T. gigantischen Betonkomplexen in die sonst leere Hochgebirgslandschaft in meist spekulativer Weise hineingesetzt wurden (Abb. 7.3.1./2).

7.3.2 Negative Folgen

Wenn die Alpen als Gebirge mit Katastrophenmeldungen ins Gerede gekommen sind, so „verdanken" sie dies besonders den negativen Folgen des Fremdenverkehrs: der verstädternden Verbauung und Zersiedlung (vgl. Abb. 7.3.2./1), dem exzessiven Verkehrsausbau, dem exzessiven Bau von Freizeiteinrichtungen und Aufstiegshilfen, dem Verbrauch an Landschaft bis hin zu einem befürchteten ökologischen Zusammenbruch. Schon 1978 wurde in Stoßzeiten (mit Naherholern) eine Belastung des Dauersiedellandes je km² mit 1800—2200 Personen errechnet — Zahlen, die denen von Ballungsgebieten entsprechen. So entstellend und gefährlich dies alles in der Tat ist, so sehr sollte man sich auch einer gewissen Ironie, ja Absurdität, bewußt

sein: der Tourismus schafft — aus Renditedenken und Rentabilitätsrücksichten heraus — dort eine völlig verstädterte Umgebung neu, wo er ursprünglich genau das Gegenteil gesucht hat.

Es ist besonders das Renditedenken, das zu einer Selbstverstärkungsspirale führt und am Ende in einen ökonomischen und ökologischen Teufelskreis mündet.

Man kann sich dies gut am Beispiel der Kapazitäten der Aufstiegshilfen klarmachen: stehen die Leute zu lang an, weil die Kapazität zu klein ist, wandern sie nach dorthin ab, wo es ihnen bequemer gemacht wird. Soll aber die am ersten Ort getätigte Investition sich weiter rentieren, muß man den Wünschen Rechnung tragen und Lifte mit größeren Kapazitäten und besserem Komfort schaffen. Je mehr Personen nun wieder eine Kabinenbahn befördern kann, umso mehr Personen lockt sie an, umso mehr Bettenraum muß wieder installiert werden, umso höher ist der resultierende Landschaftsverbrauch. Je mehr aber die Unterbringungsmöglichkeiten ausgedehnt werden, umso mehr Nachfrage herrscht wieder nach Liftkapazität. Neue Lifte werden erbaut, Pisten in den Wald gerodet oder auf instabilem Almboden angelegt, umso mehr wird Landschaft verdrahtet und verkabelt.

In Österreich bestanden 1984 371 Aufstiegshilfen

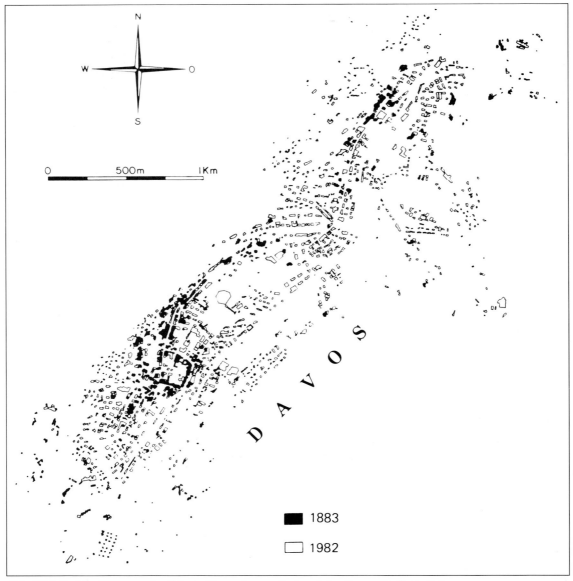

Abb. 7.3.2./1: Verstädterung im Tal von Davos (aus: ,,Umbruch im Berggebiet", S. 115)

■	1883
□	1982

(= 700 % von 1960). 1982 betrugen die Transportkapazitäten in den gesamten Alpen 1,5 Mrd. Personen je Stunde und Höhenmeter. Davon entfielen auf Österreich 30 %, auf Frankreich 24 %, auf Italien 22 %, auf die Schweiz 19 % und auf Deutschland 4 %. Gebiete mit erheblichen Massierungen sind die folgenden: Isèretäler, Mt. Blanc, Berner Oberland, Wallis, Chur-Davos, Montafon-Arlberg, Streifen Kitzbühel-Zell-Schladming, Dolomiten (vgl. Karten in *Hannß* und *Schröder* 1985, 20/21). Nicht mit Unrecht sprach *J. Krippendorf* (1975) vom Tourismus als dem ,,Landschaftsfresser" (vgl. Abb. 7.3.2/2 und 7.3.2/3).

An drei ,,Szenarien" führt Schwarzenbach (,,Umbruch", 945—970) ,,kybernetische Sachzwangspiralen" (aufgrund der selbsteuernden Elemente) vor: an der Spirale der touristischen Erschließung, an der Parkplatzspirale und schließlich an der Rezessionsspirale — wobei die Rezession notwendige Folge des Landschaftsausverkaufs ist. D. h. die Landschaft als ,,Rohstoff" des Tourismus, als Existenzgrundlage und Wirtschaftsmotor wird soweit verbraucht, daß der Tourismus seine eigene Grundlage verliert und eine Rezession auf Dauer eintreten muß (vgl. Abb. 7.3.2/2; die ,,Szenarien" nach *Schwarzenbach:* s. Anhang).

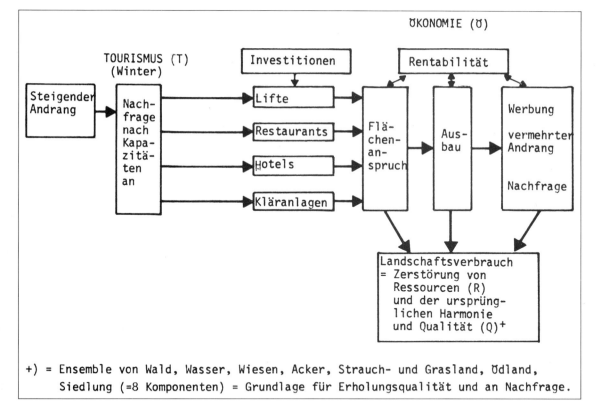

ÖKONOMIE (Ö)

TOURISMUS (T) (Winter)

Steigender Andrang → Nachfrage nach Kapazitäten an

Investitionen

Rentabilität

Lifte
Restaurants
Hotels
Kläranlagen

Flächenanspruch

Ausbau

Werbung vermehrter Andrang

Nachfrage

Landschaftsverbrauch = Zerstörung von Ressourcen (R) und der ursprünglichen Harmonie und Qualität (Q)[+]

+) = Ensemble von Wald, Wasser, Wiesen, Acker, Strauch- und Grasland, Ödland, Siedlung (=8 Komponenten) = Grundlage für Erholungsqualität und an Nachfrage.

Abb. 7.3.2./2: Landschaftsverbrauch durch den Fremdenverkehr: Belastungsschema (Quelle: *J. Birkenhauer*)

In den Tourismuszentren ist z. B. die Luftverschmutzung (SO_2, CO_2, NO) so hoch wie in den Wohnquartieren von Großstädten, wie in Davos ermittelt wurde.

7.4 Tourismusförderung

Bei allen negativen Folgen ist dennoch klipp und klar zu sehen und zu sagen, daß es für die Bergbevölkerung keinerlei wirtschaftlich tragfähige Ersatzindustrie an Stelle des Fremdenverkehrs gibt. Daher werden staatlicherseits auf verschiedenen Ebenen und mit verschiedenen gesetzgeberischen Maßnahmen die touristischen Entwicklungen weiter so gefördert wie in den vergangenen Jahren — vielleicht allerdings mit einem besseren Augenmaß für die sensiblen Zusammenhänge.

Als Beispiel sei die Gesetzgebung der Schweiz angeführt.

1966 wurde das Hotelkreditgesetz beschlossen, mit Beiträgen für die Erneuerung von Heilbädern, Kurorten, Personalunterkünften.

1974 wurde das Investitionshilfegesetz beschlossen, mit dem die Planung von Erschließungsmaßnahmen bis zu 80 % subventioniert werden konnte

und Darlehen für den Ausbau der Infrastrukturen bereitgestellt wurden.

1976 wurde das Bürgschaftsgesetz beschlossen. Damit können Genossenschaften für Gewerbe Bürgschaften erhalten, um Klein- und Mittelbetriebe im Berggebiet einzurichten, sofern die Projekte dem regionalen Entwicklungskonzept entsprechen. Die Bürgschaftssumme darf 500 000 sfrs. nicht überschreiten.

Der Zusatz mit „sofern" bezeichnet ein Umdenken. Dieses kam besonders im 1979 für die Schweizer Berggebiete beschlossenen Raumplanungsgesetz zum Tragen. Durch das Gesetz wurden kleinere raumplanerische Regionen geschaffen. Die Regionen erhielten die Auflage, Landschaftsschutzpläne, Bauzonen und dgl. auszuweisen und für eine regionale Einheitlichkeit von Planung und Bauvorhaben zu sorgen. Inzwischen sind eine Reihe solcher Pläne in Kraft. Als vorbildlich kann der Raumordnungsplan für das (allerdings vom Tourismus auch besonders schwer getroffene) Oberengadin genannt werden.

Zunehmend haben sich auch universitäre und private Einrichtungen und Vereine der Erforschung des Tourismus-Phänomens angenommen, versu-

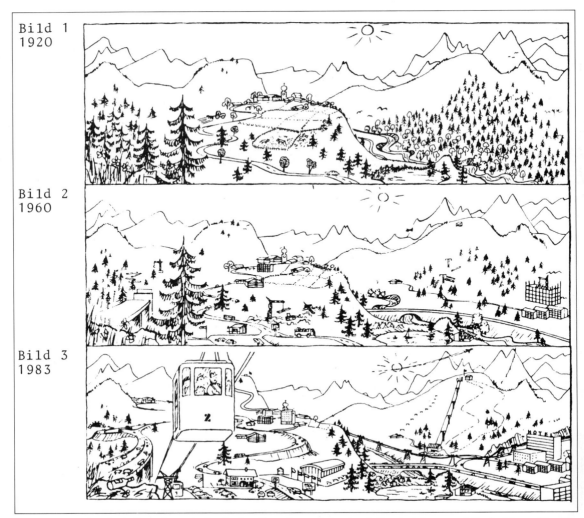

Abb. 7.3.2./3: Landschaftsverbrauch durch den Fremdenverkehr durch Zersiedelung und Verdrahtung (Quelle: _R. Berg,_ Naturschutz in den Alpen, S. 38)

che, einerseits zu fördern, andererseits zu lenken und Auswüchse zu verhindern und vor allem die mentalen Einstellungen sowohl der einheimischen Bevölkerung wie auch der Touristen zu ergründen und zu bilden.

An erster Stelle ist hier das UNESCO-Projekt zu erwähnen, das in Zusammenarbeit von Staaten und unversitären Instituten zunächst seit etwa 1970 in Österreich (Obergurgl) anlief, dann in der Schweiz weitergetrieben wurde. Dieses Projekt läuft unter der allgemeinen Bezeichnung MAB 6 (Man and biosphere) und im besonderen unter dem Titel ,,Man's impact on mountain ecosystems". In der Schweiz waren insgesamt 40 Forscher verschiedener Fachrichtungen eingespannt; von diesen wurden vier verschiedene Regionen untersucht: Davos (Graubünden), Grindelwald (Berner Oberland), Aletsch (Wallis) und Pays d'Enhaut (Waadt). Die Untersuchungen verschlangen 15 Mill. sfrs; ein abschließender Bericht soll 1987 vorliegen. Auf deutscher Seite wird entsprechend der Naturpark Alpen bei Berchtesgaden bearbeitet. An weiteren Instituten sind u. a. zu nennen:

— das Forschungsinstitut für Fremdenverkehr an der Universität Bern (Leiter: Prof. _J. Krippendorf),_

— das Forschungszentrum für Fremdenverkehrssysteme in Turin,

— der Studienkreis für Tourismus Starnberg,

— das Studienzentrum für Tourismusforschung in Trient.

Besonders ist auch auf den Deutschen und Österreichischen Alpenverein hinzuweisen, der seit Jahren besondere Projekte unterstützt. (Beispiele: Vir-

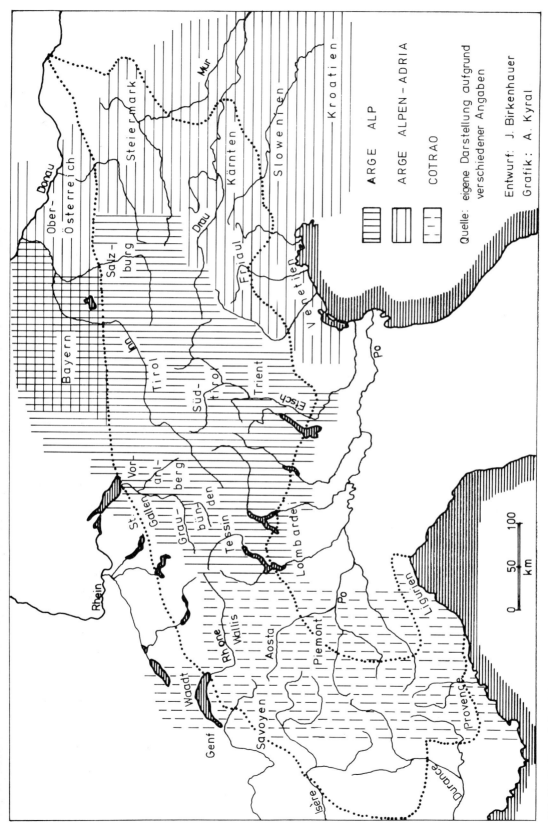

Abb. 7.4./1: Transalpine Arbeitsgemeinschaften

Donau
Ober-Österreich
Steiermark
Mur
Salz-burg
Kärnten
Drau
Friaul
Slowenien
Kroatien
Venetien
Bayern
Tirol
Süd-tirol
Trient
Etsch
Po
Rhein
Vor-arl-berg
St.
Gallen
Grau-bün-den
Tessin
Lombardei
Waadt
Genf
Rhone
Wallis
Aosta
Savoyen
Piemont
Po
Ligurien
Provence
Durance
Isère

ARGE ALP
ARGE ALPEN – ADRIA
COTRAO

Quelle: eigene Darstellung aufgrund
verschiedener Angaben

Entwurf: J. Birkenhauer
Grafik: A. Kyral

0   50   100
km

Touristische Entwicklungsstrategien	
Harter Tourismus	**Sanfter Tourismus**
Erschließen, ohne zu planen	Zuerst planen, dann erschließen
Projektdenken	Konzeptdenker
Jede Gemeinde plant für sich	In größeren Räumen planen
Nach Gießkannenprinzip erschließen	Erschließung auf Schwerpunkte konzentrieren
überall und verstreut bauen	Boden sparen, konzentrierter bauen — Freiflächen gewinnen
Besonders wertvolle Landschaften besonders intensiv nutzen	Besonders wertvolle Landschaften freihalten (Reservate)
Neue Bausubstanz schaffen, neue Betten bauen	Bestehende Bausubstanz besser nutzen, bestehende Betten bewirtschaften
Bauen für unbestimmten Bedarf	Ausbaugrenzen (Endausbau) fixieren
Tourismus überall entwickeln	Tourismus nur dort entwickeln, wo Eignung gegeben und ortsansässige Bevölkerung vorhanden ist
Tourismusentwicklung auswärtigen Promotoren überlassen	Ortsansässige Bevölkerung bestimmen und teilhaben lassen
Alle rekrutierbaren Arbeitskräfte (v. a. Auswärtige einsetzen)	Entwicklung auf einheimisches Arbeitskräftepotential ausrichten
Nur ökonomischen Nutzen betrachten	Alle ökonomischen, ökologischen und sozialen Vor- und Nachteile abwägen (Kosten—Nutzen)
Bauern lediglich als Landbesitzer und touristische Arbeitskräfte einbeziehen	Landwirtschaft erhalten und stärken
Gesellschaft soziale Kosten bezahlen lassen	Verursacher soziale Kosten bezahlen lassen
Privaten Verkehr begünstigen	Öffentlichen Verkehr fördern
Anlagen auf Spitzenbedarf dimensionieren	Anlagen auf Durchschnittsbedarf dimensionieren
(Natürl.) Engpässe beseitigen	(Natürl.) Engpässe belassen
Städtische Architektur	Landesübliche Architektur (Bauformen und -materialien)
Allgemeine Technisierung und Mechanisierung der touristischen Anlagen	Selektive technische Erschließung, Förderung nicht-technisierter Tourismusformen

(aus Praxis Geographie, Bd. 16, S. **37**, nach *Krippendorf*)

gental in Osttirol, Vorarlberg; Katastrophengefahren in den bayerischen Alpen: Kartierung). (Abb. 4/1).

Auf staatlicher Seite haben die Probleme des Fremdenverkehrs zu zwischenstaatlichen Verhandlungen geführt, da ja der Fremdenverkehr ein grenzüberschreitendes Phänomen ist und nur gemeinsam nach gemeinsamen Grundsätzen bewältigt werden kann. Es kam zur Bildung von Arbeitsgemeinschaften zwischen den interessierten Bundesländern, Kantonen und Provinzen. Als erstes entstand 1972 die ARGE ALP, die 10 Jahre später gemeinsame Grundsätze für die Landesentwicklung verabschiedete. Die Arge Alp umfaßte folgende föderale Bezirke: Bayern, Tirol, Vorarlberg, Südtirol, Graubünden, Trentino, Lombardei; assoziiert sind die Kantone St. Gallen und Tessin. 1982 wurde nach dem erfolgreichen Vorbild der Arge Alp eine weitere Arbeitsgemeinschaft gegründet: es war die ARGE ALPEN-ADRIA. Wiederum etwas später schlossen sich auch die Bezirke der westlichen Alpen zu einer Arbeitsgemeinschaft (COTRAO) zusammen. Die räumliche Übersicht vermittelt Abb. 7.4./1.

Als wichtigste Aufgabe wird im Augenblick die Bewältigung der Verkehrsprobleme betrachtet. Eine Bremsung des touristischen Ausbaus ist vorerst noch nicht erkennbar; denn die z. B. in der Schweiz und in Österreich offiziell festgelegten Ausbaugrenzen sind offensichtlich so hoch angesetzt, daß das touristische Wachstum dadurch noch ungebremst weitergehen kann. Auch haben die Forschungaktivitäten (z. B. im Zusammenhang mit dem MAB 6-Projekt) ergeben, daß allgemein verbindliche Belastungsgrenzen bisher nicht objektiv zu ermitteln sind. Um eine Änderung in der Einstellung zum Tourismus zu bewirken, wird seit 1978 der sog. sanfte Tourismuus propagiert. Ob der sanfte Tourismus die zukünftige Hauptrolle spielen wird, wagt *Ruppert* (1986) zu bezweifeln.

8 Die ökologischen Dominanten der Alpen

Immerhin wären die verstärkten staatlichen Bemühungen wie vorhin beschrieben, aber auch die wissenschaftlichen Untersuchungen nicht ins Rollen gekommen, wenn sich nicht inzwischen ein sensibles ökologisches Bewußtsein herausgebildet hätte. Besonders *Krippendorf* wie auch einzelne Beiträge im „Umbruch" (1984) machen sich zu Vorreitern eines „vernetzten Denkens". Darunter versteht *Krippendorf* die gleichzeitige Berücksichtigung folgender Gesichtspunkte:
— Beachtung des ökonomischen Optimums für die einheimische Bevölkerung und Wirtschaft
— Bestimmung der ökologischen Belastung,
— Beachtung der regionalen Identität der einzelnen Berggebiete und ihrer kulturellen Werte,
— politische Gestaltungsmöglichkeiten.

Schon vor Jahren (1980) hat der Vf. einen groben Raster für die ökologischen Dominanten der Alpen vorgestellt. Diesen Raster gibt Abb. 8./1 wieder. Seine Grundzüge brauchen nach all dem in den vorigen Abschnitten Gesagten nicht weiter erläutert zu werden. Insofern stellt das Schema auch eine Zusammenfassung alles bisher Ausgeführten dar. Gefährdete Bereiche sind im Schema gekennzeichnet.

Abb. 8./1: Ökologische Dominanten der Alpen (Entwurf: *J. Birkenhauer*; Grafik: *A. Kyral*)

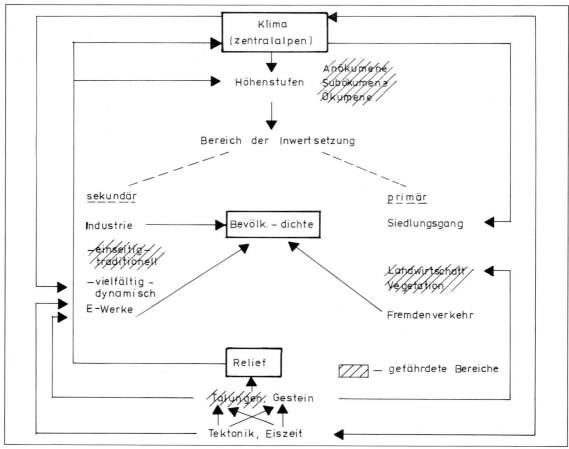

9 Für eine „Zukunft mit Zukunft"

Die Karikatur (Abb. 9./1) mach pointiert klar, worum es heute geht: um einen Balance-Akt. Die unberührte Natur (rechts) ist in ihrer Gänze eh nicht mehr zu retten. Am Horizont taucht die Horrorvision auf: die Alpen überzogen von einer einzigen Riesen-Verstädterungsagglomeration (links). Zwischen rechts und links, zwischen lebens- und liebenswert einerseits und abstoßend andererseits, muß der Zukunftsweg der Alpen gesucht werden: als Lebensraum für die einheimische Bevölkerung, mit allen Chancen, am Wohlstand Europas teilzuhaben, als Komplementärraum für die Touristen, der aber pfleglich behandelt werden muß, auch darum, weil er Komplementärraum ist. Daß gerade in den landschaftlich und klimatisch bevorzugtesten Teilen der Alpen, den zentralalpinen Tälern, Wohlstand und demographischer Dynamismus zugenommen haben — aber eben damit auch die

Gefahr der Verstädterung — belegt eindrucksvoll die von *Bridel* (1985) entworfene Karte auf der Basis größerer statistischer Einheiten (Regierungsbezirke, Länder, Kantone, Provinzen (Abb. 9./2).
So wünschenswert die regionale Eigenständigkeit ist (vgl. *Bätzing* 1984, „Umbruch" 1984), so fragt man sich allerdings doch, ob man alles den sich ja offensichtlich dynamisch weiter entwickelnden Regionen überlassen soll und kann. Wirken sich die Regeln der praktizierten Marktwirtschaft nicht grundsätzlich so aus, daß die Zentren (hier: die Tourismus-Zentren) nur noch weiter gefördert werden, daß die verstädternde Ballungstendenz damit zunimmt, neue Disparitäten im Berggebiet geschaffen werden? Ist nicht überall dort, wo die Renditen einerseits am höchsten sind (Tourismus-Zentren) oder wo sie andererseits am niedrigsten sind (Bergwald) die Gefahr der ökologischen Insta-

Abb. 9./1: Quo vadis, Alpen? (Quelle: „Umbruch im Berggebiet", S. 29)

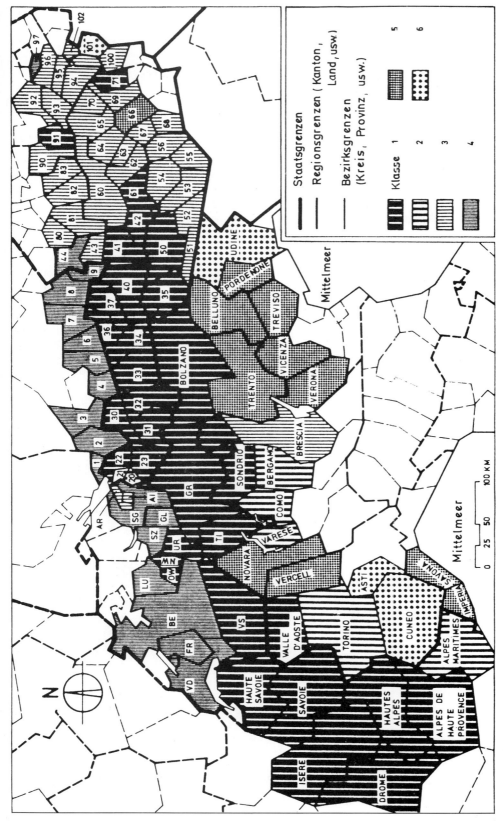

Abb. 9./2: Sozioökonomische Dynamik der alpinen Regionen (Quelle: L. Bridel 1985)

Klasse	KLASSEN NACH HAUPTFAKTORENANALYSE				BRIDEL (1985)
	Faktoren				
	Dichte	Demograph. Dynamik	Jugend-lichkeit der Bev., Opposi-tions-parteien	Verkehrs-abgelegen-heit, Umfang der sozialis-tischen Wähler klein	Wirtschafts-kraft, wenig Wälder
1	- 0,79	0,52	0,46	0,55	- 0,27
2	1,66	2,12	- 0,08	- 0,24	- 0,23
3	- 0,20	- 0,54	- 0,18	- 1,05	- 0,40
4	0,02	- 0,23	- 0,14	0,17	1,54
5	1,31	- 0,27	- 0,45	0,60	- 0,72
6	1,14	- 2,09	- 0,33	1,11	- 0,29

bilitäten durch einerseits Übernutzung und anderseits Unternutzung am größten? Sind demgegenüber die Regeln der Marktwirtschaft als Instrumente der Steuerung nicht völlig ungeeignet? Worauf reagiert denn der Markt? Und wann? Frühestens doch erst dann, wenn katastrophenähnliche Entwicklungen schon eingetreten sind. Dann aber kommen Gegenmaßnahmen zu spät oder werden als zu kostspielig erst gar nicht aufgeführt. Außerdem würde „der Markt" solche Gegenmaßnahmen erst gar nicht „hergeben", müßte also die „öffentliche Hand" wieder einmal mehr einspringen. Die Landschaft ist offensichtlich ein Gut, das jeder von ihm Profitierende auf der Nutzenseite gut und gern zu Buche schlagen läßt, das ihm aber auf seiner Kostenseite fehlt. Über dieses „Gut" Landschaft — ein kollektives Gut — wird somit individuell verfügt. Jedoch decken sich die individuellen Nutzenfunktionen ganz und gar nicht mit dem kollektiven Ziel, die natürlichen Lebensgrundlagen in ihrer Vielfalt zu erhalten. Das Tourismus-Wesen (oder Unwesen) ist somit aus sich heraus als Marktgeschehen nicht in der Lage, eine geordnete Entwicklung aus eigenen Kräften zu entwickeln.

Es ist daher sicher richtig und verdienstvoll, wenn die Arbeitsgemeinschaften der Alpenländer und Alpenregionen sich auf gemeinsame Grundsatzbeschlüsse geeinigt haben. Diese sollen ja einer geordneten Entwicklung den Weg ebnen. Aus der Grundsatzerklärung der ARGE ALP (1982) kann man bestimmte Hauptzielsetzungen entnehmen, die in der folgenden Tabelle 9./1 übersichtlich für die Hauptbereiche zusammengefaßt sind.

Die Tabelle sollte nicht nur von oben nach unten, sondern auch von links nach rechts gelesen werden, um die miteinander vernetzten Maßnahmen erkennen zu können. Ob jedoch diese Maßnahmen rechtzeitig greifen, ist die bange Frage. Wir haben ja gesehen, daß selbst innerhalb der bestehenden Auflagen das Wachstumspotential für den Fremdenverkehr mindestens noch auf das Zweifache gesteigert werden kann.

Tab. 9./1: Hauptzielsetzungen der ARGE ALP von 1982

Landschaft, Landwirtschaft	Tourismus	Siedlungen	Verkehr	Hydrostrom
Gewähren von Subventionen für die —Erhaltung der Landschaft, für den —Schutz und die Ausdehnung der Wälder Begrenzung des exzessiven Tourismus	Vermehrung von Landschaftsschutzgebieten und Nationalparks Beschränken auf die bisherigen Bereiche keine Zweitwohnsitze mehr	Einführen verbindlicher Flächennutzungspläne, Abstimmung in der Region	Einschränkung des Straßenbaus Ausbau bzw. Förderung der Eisenbahnen, Bau von Basistunnels	keine weitere Ausdehnung der Nutzung

Was also kann geschehen im Hinblick auf eine „Zukunft mit Zukunft" für alle, im Hinblick auf sich selbsttragende und sich selbstverständlich auch selbst begrenzende regionale Entwicklungen? Die Chancen für eine Steuerung der regionalen Entwicklung hängen sicher maßgeblich davon ab, ob sich die öffentliche Meinung (d. h. nicht irgendwelche staatlichen Stellen und Arbeitsgemeinschaften) insgesamt (d. h. nicht nur irgendwelche einsamen Rufer, die vorgeben, die öffentliche Meinung zu sein) auf veränderte Verhältnisse umzustellen vermag — und zwar rechtzeitig. Damit wird Bewußtseinsbildung zu einer zentralen Daueraufgabe einer jeden wirksamen Landschafts-, Tourismus- und Regionalpolitik. Bewußtseinsbildung aber ist eine kollektive Aufgabe, die ernsthaft auch auf kollektiv-gezielte Weise betrieben werden muß, soll sich die öffentliche Meinung insgesamt und zutiefst ändern: zu betreiben von Politikern aller Parteien, die nicht nur reden, sondern mit guten Vorbild selber zeigen, daß sie sich von der Konsummentalität nicht unterjochen lassen; zu betreiben von den Universitäten, wo die künftige Führungsschicht ausgebildet wird: auch Universitätsinstitute haben nicht nur Wissen und Wissenschaft zu vermitteln, sondern müssen selber zeigen, wie verantwortliches Handeln auf wissenschaftlicher Grundlage aussehen muß; schließlich zu betreiben von den Schulen in allen dafür geeigneten Fächern. Doch: so wünschenswert diese Bewußtseinsbildung auch wieder ist — man muß sich im Klaren sein, daß ein solcher Prozeß erst in Jahrzehnten abläuft und greift; und dann kann es endgültig zu spät sein.

Von einigem Erfolg scheint mir folgender Vorschlag zu sein, der sicher eine Utopie ist (noch!), aber eine, die, in die Tat umgesetzt zeigen könnte, daß das Reden von den „5 Minuten vor 12" nicht ein bloßes Reden wäre. Dieser Vorschlag geht davon aus, daß etwas nur dann wirksam ist, wenn es jeden dort trifft, wo er am empfindlichsten ist: in seinem Geldbeutel. Und daß es jeden trifft, der Landschaft verbraucht und zwar in dem Maß, wie er Landschaft verbraucht, sei es als Tourist, oder sei es als Einheimischer, der vom Tourismus (legitimerweise) profitieren möchte. D. h., das kollektive „Gut" Landschaft darf nicht nur individuell genutzt werden, sondern es müssen auch die Kosten für Erhaltung und Pflege der Landschaft individuell getragen werden, auch die Kosten für Erhaltung und Pflege der Landschaft müssen individuell erbracht und nicht auf die Allgemeinheit umgelegt werden (wie bisher). D. h. jeder muß seine individuellen Kosten sich auch selber klar und bewußt machen können.

Wie ist dies möglich? Ein gangbarer Weg (da vergleichbar mit der von einer Reihe von Orten erhobenen Kurtaxe) wäre die Einführung einer generellen Tourismus-Taxe. Diese ist nicht nur von den Touristen zu erheben, sondern z. B. auch von den Betreibern von Hotels und Aufstiegshilfen, gestaffelt nach Größe der Anlage, gestaffelt nach der Saison (im Winter höhere Taxe, im Sommer niedrigere). (Was die von Betreibern zu zahlende Tourismus-Taxe angeht, so muß sichergestellt sein, daß diese aus dem Gewinn gezahlt wird, also nicht auf die Touristen abgewälzt wird, die sonst doppelt zahlen.) Grundsatz ist: jeder der am „Rohstoff alpine Landschaft" partizipiert (als Gast, als Einheimischer über seine Rendite), trägt auch zu ihrer Erhaltung bei. Die so einkommenden Gelder werden nicht von staatlichen Stellen verwaltet und ausgegeben, sondern fließen an einen zu diesem Zweck gebildeten Fonds, der als Körperschaft des öffentlichen Rechts aufgrund eigener Satzung und aufgrund von Wahlen geführt wird. Damit wird die Forderung nach der partiellen Selb- und Eigenständigkeit der Berggebiete finanziell erst gesichert. Die in den Fonds eingezahlten Gelder werden von der Körperschaft z. B. für folgende Maßnahmen verwendet:

— Pflege der landwirtschaftlichen Kulturmaßnahmen auf Hängen und Almen,
— Pflege überalterter Waldbestände, Subventionen für den Femel- und Plenterbetrieb,
— notwendige Wildbachverbauungen und dgl., um Zuschotterung der Talgebiete zu vermeiden oder aufzuhalten,
— Lawinen- und Murenschutz-Maßnahmen,
— Ökopflege (Pisten und dgl.),
— raumschonende Verkehrserschließung,
— Erstellung kleiner Wasserkraftanlagen ohne Schädigung des Landschaftsbildes,
— Pflege von alter Bau- und Dorfsubstanz, Sanierung, Erneuerung, Einrichtung von Museen, Alphütten, u. dgl., Einrichtung und Pflege von Schutzgebieten auch für die dörflich-kulturelle Tradition und Vielfalt,
— Einrichtung und Pflege von National- und Naturparks,
— Einrichtung und Pflege von Lehrpfaden und Erhaltung von wissenschaftlich interessanten Steinbrüchen, Biotopen und dgl.
— Betreuung von Veröffentlichungen.

Das Problem im Hinblick auf die Taxen liegt allerdings weniger darin, wie diese erhoben werden sollen und wie sie verwaltet und ausgegeben werden, sondern darin, wie hoch die Taxen sein sollen. Dieses Problem rührt daher, daß es bisher kein Instrumentarium gibt, nach dem der Landschaftswert und die natürliche Belastung wie auch die vom Tourismus ausgehenden Schäden berechnet werden können und sollen. Im Hinblick auf eine zu erhebende Taxe ist eine einigermaßen objektive Berechnungsgrundlage aber notwendig, damit jeder, der eine Abgabe leistet, auch weiß, daß es dabei mit gerechten Dingen zugeht. Ein gangbarer Weg beruht m. E. auf folgenden Schritten:

1. Ermittlung des durchschnittlichen Geldwertes für die Beseitigung von Muren, Lawinen, Bergschlipfen, Wildbachverbauungen, Landschaftsschutzmaßnahmen u. dgl.

2. Ermittlung potentiell gefährdeter Gebiete (vgl. den oberbayerischen Hangkataster) (Abb. 4./1).

3. Ermittlung der Wahrscheinlichkeit des Eintretens von dramatischen Ereignissen über einen Zeitraum von etwa 10 Jahren.

4. Ermittlung des durchschnittlichen Geldwertes je Region, der in einem Zehnjahreszeitraum für die Beseitigung — auch vorbeugender Art — zur Verfügung stehen muß.

5. Berechnung einer Grundeinheit z. B. je Übernachtung, Bett und Höhenmeter-Kapazität von Aufstiegshilfen.

6. Erhebung dieser Grundeinheiten je nach Inanspruchnahme.

7. „Lastenausgleich" zwischen den weniger und mehr gefährdeten Regionen.

Die Ermittlung ist eine wissenschaftliche Aufgabe, z. B. für die Wissenschaftler, die am MAB-6-Projekt teilgenommen haben und mit der Materie daher gut vertraut sind. Die Aufgabe könnte m. E. relativ rasch gelöst werden, da einerseits fachkundiges Personal, andererseits Kostenunterlagen vorhanden sind. (Eine auf diesem Vorschlag basierende Untersuchung soll in Kürze im Nationalpark Berchtesgaden vorgenommen werden.) Die einzurichtenden „regionalen Fonds für die Pflege der alpinen Landschaft" benötigen sicher auch Personal. Die Tourismus-Taxe ist daher so zu bemessen, daß ein für alle Maßnahmen geschultes und ausreichendes Personal mit zureichender Besoldung zur Verfügung steht. Achtet man den „Rohstoff alpine Landschaft" wirklich, darf man beim Personal zur Pflege dieses „Rohstoffes" wahrhaftig nicht kleinlich sein. Ausgebildetes Personal steht heute und in Zukunft zur Verfügung: Lehrer, Magister und Diplomanden der Erd-, Raum- und Umweltwissenschaften.

10 Anhang: Szenarien

Quelle: *Schwarzenbach* in „Umbruch", 1984, 952—962.
Vorbemerkungen: Diese „Szenarien" werden von *Schwarzenbach* „Figuren" genannnt. Die „Figuren" 3—5 werden hier vorgestellt.

Figur 3: Die Sachzwangspirale in einer Wachstumsphase der touristischen Entwicklung

Neue Bauvorhaben bedingen eine angemessene Erweiterung des Wasserversorgungsnetzes. Die Möglichkeit, ein ergiebiges Quellgebiet — allerdings in großer Entfernung zum Dorfkern — zu erschließen, rechtfertigt eine großzügige, zukunftsgerichtete Lösung. Die vorgesehene Erweiterung würde überdies erlauben, den späteren Bau eines Hallenbades und einer Eisbahn in Betracht zu ziehen. Die Gemeindeversammlung stimmt dem Antrag diskussionslos zu.

Die Verbesserung der Wasserversorgung erlaubt, ein schon lange geplantes Ferienzentrum mit Apartmenthäusern und Eigentumswohnungen zu erstellen. Für die verkehrsmäßige Erschließung des neuen Quartiers ist eine Verlängerung der bereits bestehenden Gemeindestraße notwendig, die in einem späteren Zeitpunkt noch weitergeführt werden soll. Die notwendigen Kredite werden durch die Gemeinde mit großer Mehrheit bewilligt.

Mit dem Anschluß des neuen Fereienhausquartiers wird das örtliche Verteilnetz für die Elektrizitätsversorgung bis an die Grenze der Leistungsfähigkeit beansprucht. Die Erstellung einer neuen Transformatorenstation erweist sich als unumgänglich; sie wird vorausschauend so groß dimensioniert, daß eine spätere Erweiterung der Bauzone ohne Schwierigkeit bewilligt werden könnte.

Die Verlängerung der Gemeindestraße läßt den schon lange bestehenden Engpaß beim örtlichen Straßenunterhaltsdienst deutlicher werden. Vor allem haben während des Winters die Klagen über verspätete und unzureichende Schneeräumung zugenommen. Die Gemeinde beschließt deshalb, eine leistungsfähige Schneeräumungsmaschine anzuschaffen und für den Winter eine zusätzliche Arbeitskraft einzustellen.

Der Verkauf der neuerstellen Ferienwohnungen verläuft schleppend. Die Bauherrschaft erklärt die zurückhaltende Einstellung der Interessenten mit einem ungenügenden Angebot an Sport- und Freizeitmöglichkeiten. Gewünscht wird vor allem die Erstellung des längst vorgesehenen Hallenbades, um den Gästen bei ungünstigen Wetterverhältnissen eine Alternative zum Skifahren anbieten zu können. Mit dem Bau des Hallenbades sollte so rasch wie möglich begonnen werden, um die Nachfrage für die Wohnungen zu stimulieren und dem örtlichen Baugewerbe wiederum neue Aufträge verschaffen zu können.

Figur 4: Beispiel für einen ausweitenden Spiralprozeß mit positiver Rückkoppelung: Die Parkplatzspirale

Neue Ferienhaussiedlungen werden an der Peripherie des Ortes gebaut. Mit der Zunahme der Gästezahlen erhöht sich entsprechend auch die Zahl der Personenwagen. Die Gäste erwarten einen Parkplatz bei der Unterkunft. Die periphere Lage der Ferienhaussiedlung veranlaßt die Gäste, ihren Wagen für Einkäufe, für den Besuch von Restaurants und Sportanlagen, für den Transport der Ski zu den Talstationen der Zubringerbahnen und Skilifte zu benützen.

Die vermehrte Verwendung des eigenen Wagens zwingt zur Erweiterung des Parkplatzangebotes im Ort.

Die Schaffung zusätzlicher Parkflächen führt zur Beanspruchung unverbauten Bodens im Dorfzentrum und bei den Talstationen der Bahnen und Skilifte. Die verfügbare Baufläche wird eingeschränkt.

Die Verknappung des Baulandes führt zur Steigerung der Bodenpreise.

Der Mehrverkehr, der sich aus der zeitweiligen Benützung der neu geschaffenen Parkplätze ergibt, schafft Probleme der Verkehrsregelung und verschlimmert örtliche Abgas- und Lärmbelastung.

Die hohen Bodenpreise und die zunehmenden Verkehrsimissionen im Dorfzentrum begünstigen die Erstellung neuer Wohnbauten an der Peripherie des Ortes.

Die wachsenden Distanzen zum Ortszentrum und die Schwierigkeiten einer nachträglichen Vermehrung des Parkplatzangebotes im Dorfkern zwingen die Gemeinde, einen örtlichen Busdienst aufzuziehen, um die Verkehrsprobleme zu bewältigen.

Der nur saisonal verkehrende Busbetrieb ist defizitär. Die Kurtaxen und die Beiträge aus Steuermitteln werden erhöht.

Für die Fahrzeuge des Busbetriebes müssen Garagen erstellt, Haltestellen, Schutzinseln und Wendeplätze angelegt werden. Damit wird erneut Land für Verkehrszwecke beansprucht.

Die steigenden Kosten für den Landerwerb, für den Bau und Unterhalt der Parkierung- und Verkehrsflächen, die Kosten für die Deckung des Defizites der öffentlichen Verkehrsbetriebe belasten die Allgemeinheit. Um die wachsenden Kosten aufzufangen, werden Anstrengungen zur Anwerbung zusätzlicher Gäste unternommen.

Unter dem Druck zur Expansion werden am Rande des Dorfes neue Ferienhausquartiere erstellt, die in noch größerer Entfernung von den Zentren der Gästeaktivitäten liegen.

Figur 5: Beispiel für einen übergeordneten Spiralprozeß während einer Rückgangsphase: Die Rezessionsspirale

Die Zahl der Gäste hat während einiger Jahre abgenommen; Teuerung und Lohnsteigerungen haben während dieser Zeit angehalten.

Die Gäste neigen dazu, ihren Aufenthalt abzukürzen und ihre persönlichen Ausgaben zu senken.

Die Neueinschätzung der Liegenschaften nach den vorangegangen extremen Preissteigerungen für Grundstücke und Häuser führt zu einer starken Erhöhung der Vermögenssteuern.

Einzelne Gewerbe- und Dienstleistungsbetriebe geraten mit ihren Zahlungen in Rückstand.

Hausbesitzer halten mit Umbauten und Unterhaltsarbeiten zurück; der Arbeitsvorrat der Baumeister und Bauhandwerker schrumpft deutlich.

Die Belegung der Ferienwohnungen nimmt ab; zusätzliche Werbung zeigt wenig Erfolg.

Einige ausländische Besitzer von Ferienwohnungen verkaufen ihre Appartements mit Verlust.

Der zunehmende Konkurrenzdruck zwischen den verschiedenen Fremdenverkehrsgebieten zwingt zu Sonderrabatten und Preisnachlässen.

Die längst überfällige Modernisierung einzelner Hotelbetriebe (Einbau von Duschen und Toiletten für jedes Gästezimmer) muß unterbleiben. Die ungenügende Qualität des Angebotes führt zur Abwanderung von Stammgästen; eine hinreichende Belegung kann nur durch Gruppenarrangements mit Reiseunternehmen erreicht werden, wobei die gedrückten Preise knapp die Betriebskosten decken.

In aller Stille wechseln Häuser und Betriebe die Hand, versuchen Investoren ihr Schäfchen ins Trockene zu bringen und ihr Geld abzuziehen.

Bergbahnen und Skilifte fördern die Automation, um die Personalkosten zu senken; als Folge dieser Rationalisierungsmaßnahmen werden Stellen abgebaut.

Einige Konkurse und Nachlaßstundungen im Baugewerbe signalisieren einen Konjunkturrückgang.

Sparen wird bei privaten Unternehmungen und öffentlichen Haushalten groß geschrieben; auf der anderen Seite werden die öffentlichen Gemeinwesen aufgefordert, der drohenden Arbeitslosigkeit mit Aufträgen zu begegnen.

11 Stichwortverzeichnis

12 Literaturverzeichnis

Aktuelle IRO Landkarte (1987): Gefährdeter Erholungsraum Alpen, München

ARGE ALP (1982): hrsg. von der Bayerischen Staatskanzlei, München

ARGE ALPEN-ADRIA (1984): Erster gemeinsamer Raumplanungsbericht. (Ohne Ortsangabe)

Bätzing, W. (1984): Die Alpen, Frankfurt

Bätzing, W. (1985): Bad Hofgastein. Institut für Stadt- und Reg.-plan. der TU Berlin. Diskussionsbeitrag 20

Baumgartner, u.a. (1983): Der Wasserhaushalt der Alpen, München

Berg, R. (1984): Naturschutz in den Alpen, Köln (Umweltschutz im Unterricht, Materialien zur Umwelterziehung, H. 18)

Birkenhauer, J. (1972): Das Goms (Oberwallis) als eine natur- und kultrräumliche Talkammer und seine jüngeren demographischen und wirtschaftlichen Entwicklungstendenzen, Alem. Jb., 1971/72, 261 ff., Bühl 1973

Birkenhauer, J. (1976): Patterns of change in the Goms (Upper Rhône Valley) since the early nineteenth century. Fields, Forms and Settlement in Europe, 97 ff., Belfast

Birkenhauer, J. (1979): Some planning problems fur rural tourist places with special reference to the Alps. Recherches de Géographie rurale, 791 ff., Lüttich

Birkenhauer, J. (1980): Die Alpen, Paderborn

Bochsbichler, K. (1976): Stand und Entwicklungsmöglichkeiten bergbäuerlicher Betriebe in Österreich, Wien

Bochsbichler, K. (1976): Die Bergbauern: Analyse einer Randgruppe der Gesellschaft, Wien

Bridel, J. (1985): Les Alpes: espace cloisonné ou solidaire. Rev. géogr. alp. Bd. 73, 85 ff., Grenoble

Bridel, J. (1985): Diversité et stabilité des Alpes, Le Globe, Bd. 125, 31—59, Genf

Bridel, J. (1985): Un espace rebelle à la subdivision géographique: les Alpes. Rev. géogr. alp., Bd. 73, 273 ff., Grenoble

Brugger, A. u.a. (1984): Umbruch im Berggebiet, Bern

Danz, W. (1971): Landschafts- und wirtschaftsstrukturelle Wandlungen in den bayerischen Alpen, Ber. z. Dt. L-kde., Bd. 45, 75 ff.

Elsasser, H.; Leibundgut, H. (1982): Touristische Monostrukturen — Zum Problem der Gefährdung von Bergregionen. ORL—DISP, Heft 57, 26 ff., Zürich

Franz, H., Holing, C. S. (1974): Alpine areas workshop, Laxenburg

Furrer, G. (1982): Zum aktuellen Kulturlandschaftswandel in den Schweizer Alpen. Dt. Schulgeogr.tag, Basel, 187 ff.

Frödin, J. (1940): Zentraleuropas Alpwirtschaft, Oslo

Gutersohn, H. (1961): Die Schweiz, Bd. II: Die Alpen, Zürich

Hampicke, L. (1977): Landwirtschaft und Umwelt, Kassel Urbs et regio 5

Hannß, C., Schröder, P. (1985) Touristische Transportanlagen in den Alpen. ORL—DISP, Heft 19, 15 ff., Zürich

Haßlacher, P. (1986): Übererschließung der Hochgebirgsregionen, Praxis Geogr., Bd. 16, 20 ff.

Haßlacher, P. (1988) Aktualisierung des Unterrichtsbeispiels „Unterschiedliche Nutzungsansprüche im Nationalpark Hohe Tauern (Beispiel Osttirol)". GW, 29

Höfle, K. (1984): Bildungsgeographie und Raumgliederung. Das Beispiel Tirol, Innsbr. Geogr. Studien, Heft 10

Knöbl, I. (1983) Bergbauernförderung in Österreich. Bundesanstalt f. Bergbauernfragen, Forsch.ber. 10, Wien

Krammer, J. (1982) Bergbauern in Österreich = Die Bergbauern, Sonderh. 1, Wien

Krippendorf, J. (1975): Die Landschaftsfresser, Bern

Krippendorf, J. (1975): Tourismus — weiße Industrie mit Smogalarm. touristik-management, Heft 1, 6 ff.

Leibundgut, H. (1979): Zum Problem touristischer Monostrukturen im Berggebiet aus der Sicht der zukünftigen Entwicklung. ORL—DISP, Heft 57, 32—43, Zürich

Les alpes (1984): 25³ Congrès international de géographie, Paris.

Löhr, L. (1971): Bergbauernwirtschaft im Alpenraum, Graz

Lichtenberger, E. (1975): Das Bergbauernproblem in den österreichischen Alpen. Erdkunde, Bd. 19, 39 ff.

Lichtenberger, E. (1976): Der Massentourismus als dynamisches System. Verh. d. Dt. Geogr.tages, Innsbruck 1975; S. 673—695, Wiesbaden

Nationales Forschungsprogramm MAB des Schweizerischen Nationalfonds: Schlußberichte, Bern. Dariu u.a.:

Bellwald, S., Graf, H. (1985): Der Wald im Aletschgebiet (Heft 17)

Combe, J., Frei, C. (1986): Die Bewirtschaftung des Bergwaldes (Heft 22)

Günter, T. F. (1985): Landnutzungsänderungen in einem alpinen Tourismusort (Heft 13)

Messerli, P. (1986): Modelle und Methoden zur Analyse der Mensch-Umwelt-Beziehungen im alpinen Lebens- und Erholungsraum (Heft 25)

Meyrat-Schlee (1983): Werte und Verhalten (Heft 2)

Müller, H. R. (1986): Tourismus in Berggemeinden: Nutzen und Schaden (Heft 19)

Meister, G. (1985): Wachsende Gefahr für den Gebirgswald, FAZ 24. 07. 1985

Penz, H. (1978): Die Almwirtschaft in Österreich, München. Stud. z. Soz.- u. Wirtsch.geogr., Heft 15

Priebe, H. (1982): Alternativen der europäischen Agrarpolitik, Geogr. Rundschau, Bd. 34, 102 ff.

Ruppert, K. (1986): Raumstruktur in den Alpen, die Alpen als Lebens-, Erholungs- und Durchgangsraum, München, 3 ff.

Saibene, C. (1984): Flow and circulation in the Alps. In: Les Alpes (1984), 169 ff.

Schober, Kaule, G. (1986): Der Bergwald stirbt. München

Seger, M. (1984): Der Nationalpark Hohe Tauern, Österr. Beitr. z. Geogr. d. Ostalpen, 149 ff. = Wiener Geogr. Schr., Bd. 59/60

Vieregg, M. (1987): Neu- und Ausbaustrecke Augsburg/München—Innsbruck/München

Zwittkovits, F. (1974): Die Almen Österreichs, Zillingsdorf

Problemräume Europa

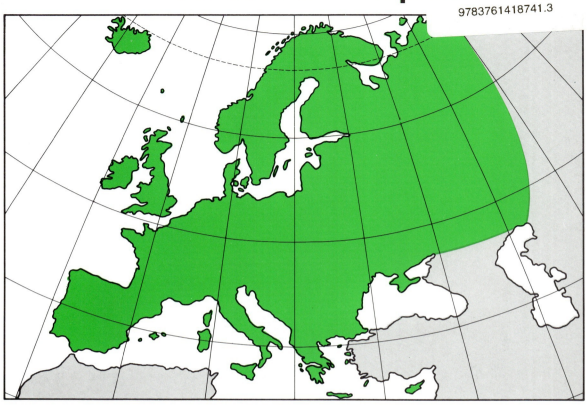

In der Reihe ,,Problemräume Europas" werden aktuelle Probleme aus verschiedenen Stadt- und Kulturlandschaften Europas von namhaften Fachwissenschaftlern untersucht und dargestellt. Die Themen der einzelnen Hefte sind so ausgewählt, daß sie sich als exemplarische Beispiele für den Einsatz im lernzielorientierten Geographieunterricht eignen und mit den Richtlinien der Schulverwaltungen im Einklang stehen. Es wird eine am neuesten Forschungsstand orientierte, fachwissenschaftliche Analyse der Probleme gegeben. Die Hefte sind so gestaltet, daß sie sowohl dem Lehrer als Grundlage für seine Sachanalyse dienen können wie auch dem Kollegstufenschüler und Studenten eine selbständige Bearbeitung erlauben.

Bereits erschienene Bände:

1 Die Nordsee
Von Heinrich Kellersohn

2 Das schottische Hochland
Von H.-Werner Wehling

3 Paris
Von Ulrich Theißen

4 Das Zonenrandgebiet
Von Hans-Jörg Sander

5 Berlin
Von Burkh. Hofmeister

6 Die Alpen
Von Josef Birkenhauer

In Vorbereitung:

Andalusien
Von Toni Breuer

Oberschlesisches Industrierevier
Von E. Buchhofer

Nordskandinavien
Von Bernhard Butzin

London
Von Tom H. Elkins

Moskau
Von Adolf Karger

Zentralmassiv
Von Rudolf Michna

Industrierevier Saar-Lor-Lux
Von Guy Schmit

Mezzogiorno
Von Horst-Günter Wagner

Aulis Verlag Deubner & Co KG
Köln

ISB N 3-7614-1132-4